「常勝メンタル」強化の技術

川阪正樹 著

セルバ出版

はじめに

こんにちは。川阪正樹と申します。

本書を手にとっていただき、ありがとうございます。

私は16年以上、「どのようにすれば、目標が達成できるか?」「どのようにすれば、才能や持って生まれたものに頼らず、大きな成果を出すことができるか?」ということを考えてきました。

現在は、スポーツからビジネス、小学生から社会人・プロの選手まで、多くの個人や組織の目標達成のお手伝いをしています。
＊中学、高校は全国大会と無縁だった陸上競技選手が、大学で全国大会に初出場、日本一を達成。翌年、関西学生新記録を樹立。
＊怪我に泣き、満足のいく競技生活を送れなかった選手が、指導者になり全国大会常連の指導者に。
＊将来への不安を抱えていた塾経営者が、２か月の取組みで、夏期講習の売上が前年比の2倍を達成。
＊営業やセールスの経験がない20歳代の起業家が、独立後初月に月収10倍（前職より）を達成。
この選手や指導者、経営者、起業家たちは、いったい何をしたのでしょうか。

答えは、シンプルです。

「目標を達成する!」と決めて、本気で取り組んだのです。あきらめなかったのです。

しかし、あなたがすでに知っているように、「真面目、一生懸命に頑張った＝目標達成」という公式は、簡単には、成立しません。難しいものです。

私が本書でお伝えするのは、あなたの「努力が報われる方法」です。

「目標達成するための技術」を、心を込めて、まとめました。

真面目、一生懸命に頑張るあなたの力になれたら、これほどうれしいことはありません。

「思いはかなう」「努力は報われる」と信じています。

２０１４年３月

川阪　正樹

「常勝メンタル」強化の技術　目次

第2章　常勝メンタルを手に入れる

第3章　頭で勝ってからいく

第4章　目標達成せざるを得ない状況をつくる

第5章　成果が出せる自分になる

第6章　最高のパフォーマンスを発揮する

第7章　本気になって人生を変える

序章　勝敗は持って生まれたものだけでは決まらない

1　なぜ、思うような結果が出ないのか

真面目に頑張っているのにうまくいかない理由

私は最初、「全力で頑張れば、結果が出る」「真面目に頑張れば、報われる」と思っていました。そう思って、毎日、取り組んでいました。

しかし、思うような結果は出ませんでした。どうやら「真面目」とか「一生懸命」だけではうまくいかないようなのです。

中学校のとき、部活動の先生が、よくミーティングをしてくれました。そこに、現状を打破するヒントがあると思って、真剣に話を聞きました。

あるとき、「メンタルトレーニング」という学びの中で、トップアスリートや優秀な指導者たちの名言集が配布されました。

数ある言葉の中から、今もずっと脳裏に焼きついている言葉があります。

16年前の記憶のため、一語一句は記憶していませんが、このようなニュアンスでした。

『努力をして結果が出ないのは、努力の量が未《いま》だ足りないか、努力の仕方が間違っているかである』

体の中に稲妻が走りました。

「真面目に努力している自分は、ある程度、量は十分なはず。努力には、正しい努力の仕方や、やり方があるのか！」

大きな気づきでした。それ以来、私は16年間、正しい努力の仕方を追求してきました。

成果につながる努力をしているのかが重要

努力は大切です。しかし、それだけでは大きな成果が得られるとは限りません。

成果に直結する「正しい努力」をしているのかが大切です。

よく、頑張ることがゴール＝目標になってしまっている人がいます。

本来、目標を設定して、それに向けて取り組んでいたはずが、頑張ることがゴールになってしまっているのです。

これはラクです。「頑張ること」に充実感、満足感を得ることができます。しかし、成果は出ません。体を動かしているだけで、頭が怠けています。

「どのようにすれば目標が達成できるか」、真剣に考えることが大切です。

発明家のトーマス・エジソンの言葉です。

『首から下で稼げるのは1日数ドルだが、首から上を働かせれば無限の富を生み出せる。』

「頭を使いなさい」「考えなさい」ということです。

「目標」と「努力」を一致させることで、大きな成果が出せるのです。

2　目標達成は技術である

目標達成するための技術は修得できる

私は、目標達成は「技術」であると学びました。

車を運転しようと思ったら、教習所に通って座学を受け、実習をして、運転する技術を身につけます。それと同じように、目標達成するための技術を学び、実践することで、その技術を身につけることができます。

目標達成は「つくる」もの

私は、スポーツ選手として天才ではありませんでした。中学生になって部活動をし始めると、そう感じました。

中学1年生の頃は、体重が43kgで小柄な体型でした。

他校の選手に負けるより、友達に負けることほど悔しいことはありませんでした。また、中学2年生になると、後輩にまで負けてしまうようになりました。本当に悔しかったです。

中学校からの恩師、原田隆史先生は、教育者でした。私のような普通の中学生を、どのようにすれば全国大会に連れていくことができるか、優勝させることができるか、また、人として自立させることができるのか、真剣に考えていました。

公立の中学校ながら、陸上競技において、7年間のうちに13回もの日本一を、恩師は生み出しました。その中で、私も成長しました。

関西大会で優勝することができる選手になれました。誇りに思います。

全国大会と無縁だった女子大生が「日本一」に

中学3年間、高校3年間、大学4年間、計10年間、陸上競技の選手として活動しましたが、私は目標の日本一になることはできませんでした。

選手引退後は、指導者になりました。「真面目や本気、一生懸命な人が報われてほしい」、本気でそう願い、全力でサポートしました。

恩師から学んだことを中心に、選手にレクチャーしました。やりきれるようにサポートしました。

当時、22歳です。競技場では、もっとも若いコーチだったかもしれません。

陸上競技の世界では、名の知られていない大学から、中学・高校は全国大会と無縁だった女子大生が、「日本一」になりました。関西学生新記録を樹立しました。

成功は技術でした。つくることができました。また、継承ができ、それは伝えることができるものでした。それを強く体感しました。あなたにもできます！

3　目標達成の要素は、心・技・体・生活

勝敗は、持って生まれたものだけでは決まらない

勝敗は、持って生まれたものだけで決まりません。あなたの競技の専門的なスキル「以外」で、成果があがる方法があります。あなたの仕事の専門的なスキル「以外」で、成果があがる方法があります。

「どうやったら成果が出るのか」、基本的にはスポーツもビジネスも同じです。

目標達成の要素

スポーツやビジネス、趣味などの成果は、「心」「技」「体」そして「生活」が影響しています。

「心」とは、やる気や自信、集中力、情熱などの、いわゆるメンタル面です。

「技」は、その競技や仕事の専門的な技術やテクニック、やり方、戦略、戦術をいいます。

「体」は、筋力やスピード、持久力、コンディションなどです。仕事ならば、体力や体調などの健康面が影響しています。

「生活」は、競技以外の生活面です。学校生活、家庭生活、友人関係、クラブ以外での時間の過

ごし方です。ビジネスでも、仕事以外の要素が大きく影響していることを、あなたは知っているはずです。

心×技×体×生活

「心」「技」「体」「生活」の4つは、意識的に高めることができます。トレーニングすることができます。

しかし、現場の選手や指導者は、とくに、メンタル面が大切だと答える一方、どのようにメンタル面を強化するのか、その方法を知らない人がほとんどです。

また、よくイメージ的に『技×体＋心』と考えがちです。

心は、鍛えぬいた技と体を、本番で発揮するためだけのものと考えているのです。

そうではありません。1年365日24時間が変わるので、あなたの実力そのものが高まります。

心・技・体・生活は、それぞれが相互に影響しているのです。

仮に、あなたの競技や仕事に、メンタル面が影響していて、これまで手つかずの領域ならば、あなたは大きな「伸びしろ」を秘めています。「技」や「体」だけで、今の成果なのです。

なぜ、中学・高校は全国大会と無縁だった陸上競技選手が、初めて出場した全国大会で全国制覇できたのか。それは心・技・体・生活を総動員したからです。

『心×技×体×生活』です。心を変えたら、成果が大きく変わるのです。

序章で学んだアクションプラン

- □ なぜ思うような結果が出ないのかを知る
- □ 本書から、目標達成の技術を学ぶ
- □ 心・技・体・生活を目標達成に総動員する

第1章　まず、ここから始める

4　目標を達成するには

全体像をつかむ

最初に、目標達成の流れをつかみましょう。「木を見て森を見ず」ということわざがあります。物事の一部分だけに気をとられていては、全体（重要なこと）を見失いますよ、ということです。

まず、目標達成の全体的なイメージをつかんでいきましょう。

あなたの思いをかたちにする唯一のものとは

あなたは何らかの理由や目的があって、本書を購入してくれたと思います。今よりも「大きな成果を出したい！」「今よりも良くなりたい！」、このような向上心のある人です。

そのような思いも含めて、あなたが欲しい結果を、ここでは「成果」とします。

その「成果」。あなたが手に入れたくて、達成したい成果は、願うだけ、祈るだけで、手にすることができるでしょうか。

首を横にふっていただけるはずです。そうなのです。願うだけ、祈るだけでは、当たり前ですが、得たい成果を手にすることはできません。「行動」が必要なのです。

5　流れ星が流れるあいだに、目標を言えるようにする

願うだけ、祈るだけではなく、行動が必要

あなたが得たい成果を手にするには、「行動」が必要です。願うだけ、祈るだけではなく、行動が必要になります。

そこで、私たちは、やり方（ノウハウ）を探しにいきます。先生に聞いたり、先輩に聞いたり、本や教材、セミナーに、やり方や方法を、私たちは求めにいきます。

よく、わかります。かつての私もそうでした。

でも実は、ここが、大きな間違いを生んでしまう部分です。得たい「成果」がはっきりしていないまま、「やり方」を探しているのです。

こんなエピソードを聞いたことはありませんか。

流れ星の伝説

あなたの町に、流れ星の伝説はあるでしょうか。

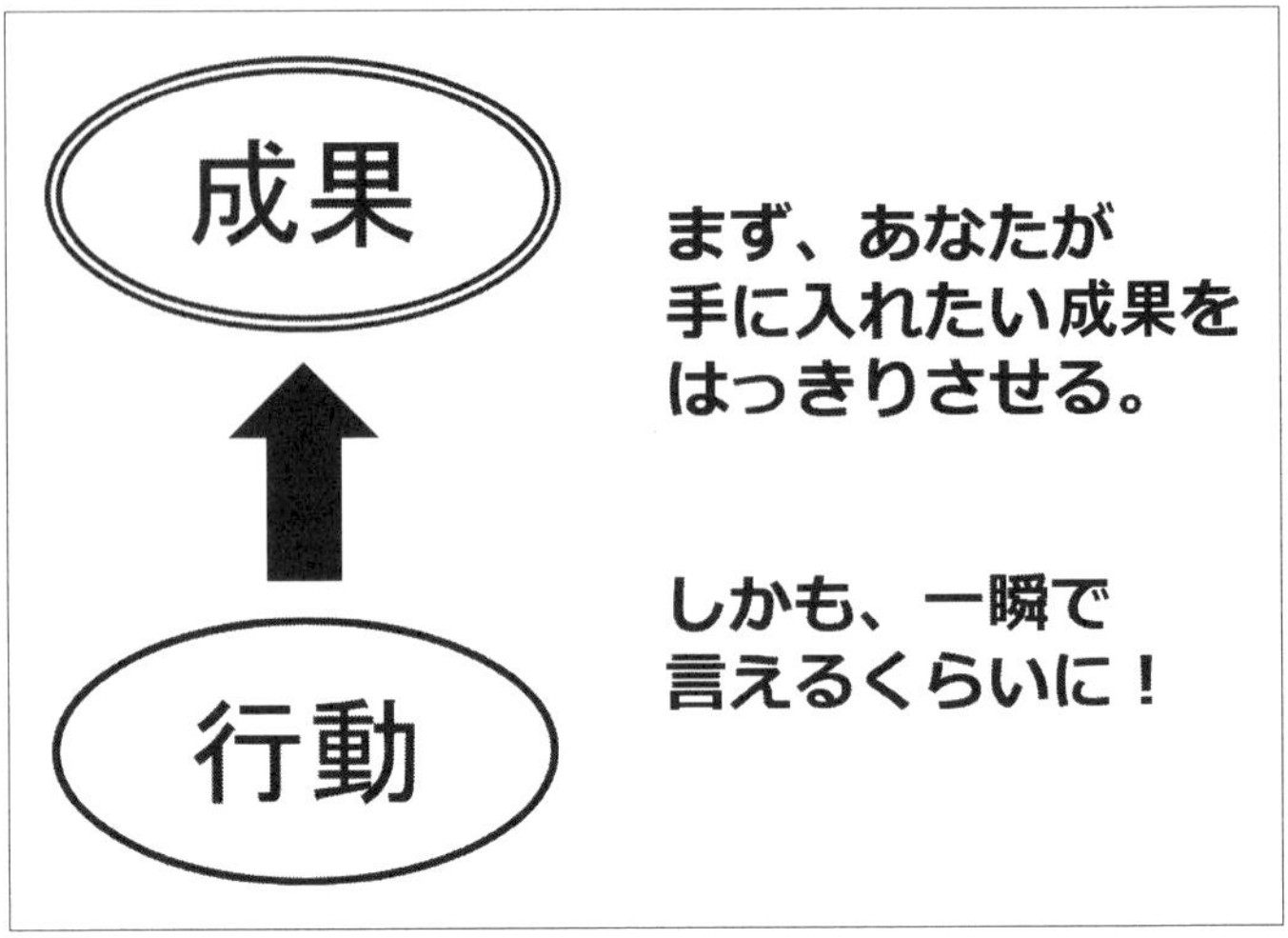
成果
行動
まず、あなたが
手に入れたい成果を
はっきりさせる。
しかも、一瞬で
言えるくらいに！

流れ星が流れているあいだに、願い事を言うと、その願い事がかなうよ、というお話です。

私が小さなときに聞いたのは、流れ星が1回流れるあいだに、「願い事を1回言えば、その願いはかなう」というものでした。町によっては、3回言わなければいけないほど、至難の技といえる町もあるようです。

今、「至難」という言葉を使いましたが、至難なのです。とても難しいのです。

流れ星が流れるのは、わずか一瞬です。数秒でしょう。

そのあいだに、とっさに目標を思い出し、言葉にする、これは並大抵のことではできません。

常に目標意識を持っている人しか成し遂げられない「至難の技」でしょう。

これができる時点で、普通ではないのです。すごいのです。その競技、その業界のトップ層なのです。

6　トップアスリートと普通の女子大生の作文

小学校の文集で、明確な目標を書いた人

ソチ五輪で、41歳という年齢にも関わらず、個人で、初のメダルを獲得した葛西選手のジャンプに、多くの人が感動しました。

新聞の記事に、葛西選手の、小学6年生のときの卒業文集が掲載されていました。

『将来ぼくは、オリンピックの選手になりたいと思います。』

お姉さんによると、別の文集には『五輪で金メダルを取って、家を建てる。』とも書いていたそうです。

小学生のときの文集で有名なのが、サッカーの本田選手です。

『ぼくは大人になったら世界一のサッカー選手になりたいと言うよりなる。世界一になるには世界一練習しないとダメだ。だから今ぼくはガンバッている。今はヘタだけれどガンバッて必ず世界一になる。そして世界一になったら大金持ちになって親孝行する。』（一部）

野球のイチロー選手、ゴルフの石川選手も同じように、小学校の文集で、明確な目標を文字にしています。インターネットで調べていただくと、その具体的で、数値化された明確な目標に、驚か

れると思います。

小学校の文集で、なんとなくの目標を書いた人でも

私の周りには、大きな成果を出している人がたくさんいます。前述した、中学・高校は全国大会と無縁だったけれど、日本一になった陸上選手もその一人です。

その彼女に聞きました。「小学6年生のときの夢は？　文集には、なんて書いたの？」

「雑貨屋さんをひらくことです。シールや小物を集めるのが好きだったので、なんとなく書きました。」

彼らと大違いです。彼女は、なんとなく書いていたのです。

雑貨屋さんもすばらしい夢です。しかし、彼女にとっては、「何が何でもなりたい」という思いではなかったのです。今、目指している夢でもありません。

ここからわかるのが、彼女は「学んだ」ということです。明確な目標が必要だと「学んだ」のです。

小学生の時点で、明確な目標を持った子どもは、一握りの存在かもしれません。

ただ、目標の必要性と、正しい目標設定の方法を学ぶことで、彼女のように、変わることができるのです。成果が出せるのです。

彼女は、大学1年生のときに、それを学び、実践しました。本気で取り組んだのです。

今からでもけっして、遅くありません。今が、人生の中でもっとも早いタイミングだからです。

今から、始めましょう。

7　すべては目標設定から始まる

これがなければ始まらない

私は、コーチです。

コーチという仕事の役割は、その語源から学ぶことができます。

コーチという言葉の語源は、「馬車」にあります。馬車には役割があります。「大切な人を大切なところまで送り届ける」という役割です。

現代でいうと、タクシーです。

タクシーをイメージしてください。あなたは、タクシーに乗ったら、まず何をしますか。

運転手に、「目的地を伝える」はずです。

目的地を伝えなければ、どれほど敏腕なドライバーも、あなたを目的地へ連れていくことはできません。

では、あなたが運転手で、自分の行きたいところへいく場合はどうでしょうか。これも同じように、目的地を決めなければ進むことはできません。

カーナビという最新の案内役をつけても、目的地をインプットしないかぎり、その道を案内することはできません。

目標を決めなければ、そこに行く「道筋はわからない」のです。

私が、コーチをする際、必ず最初に目標を聞きます。目標がなければ、いっしょに探します。「目標設定」、これがすべてのスタートになります。

目標の達成をサポートする人も、自分で目標を達成する人も、まず「目標設定」なのです。これがなければ始まらないのです。

まず、手に入れたい成果を明確にする

人がしないことがあります。意識的にも無意識的にも避けてしまうのです。

それは、「目標を具体的にしない」ということです。

目標を具体的にすると、具体的な行動が生まれます。

しかし、日付を入れ、数値化し、具体的にすると、負担がかかるわけです。

たとえば、具体的にすると、達成するために行動しなければいけません。ラクではありません。

なので、意識的にも無意識的にも、目標をあいまいにする人が多いのです。

あいまいな目標からは、あいまいな結果しか生まれません。あいまいな目標の状態で、『やり方やノウハウを、さきに求めにいくことが間違い』なのです。

まず、手に入れたい成果＝目標を明確にすることです。

あなたの具体的な目標から、具体的な結果が手に入ります。

8　目標があると、どんな良いことがあるのかを知る

すでにあなたの中に答えがある

なぜ、目標は必要なのでしょうか。なぜ、目標があると良いのでしょうか。

最近は、脳科学の進歩や心理学から、それらの回答を学ぶことができます。

ここでは、あなたの中にその答えを求めたいと思います。

きっとあなたの中に、すでに答えのようなものがあると、私は思います。

正解、不正解はありません。あなたが体験してきた、あなたなりの答えに気づいてほしいのです。

これまでの人生の中で、目標と言えるような「こうしたい」「ああしたい」「あれがほしい」というものが、一つはあったのではないでしょうか。思い出してみてください。

あなたはなんて答えますか

私は、よくセミナーで、受講者の皆さんにこのような質問をします。

「目標があると、どんな良いことがありましたか？」

このような回答をいただくことが多いです。

・目標のためにがんばろうと、毎日がイキイキする。
・時間の使い方がうまくなる。
・今、何をすべきかを考えられようになる。
・やる気が高まる。
・迷いがなくなる。
・毎日が充実してくる。
・目標を持った友人、仲間ができる。
・行動しようと思う。
・落ち込んでも、また頑張ろうとする。
・継続する力が身につく。
・どうしたら良いのか考えるようになる。
・毎日が楽しくなる。
・課題を乗り越えようと努力できる。

これらは、あなたと同じような人たちが、体験された言葉です。

「目標があると、どんな良いことがありましたか？　または、目標があると、どんな良いことがありそうでしょうか？」

あなたなら、なんて答えますか。

9　目標がないと、どんなことになるのかを知る

目標があるとき、目標がないとき

セミナーで、このような質問もします。「目標がないとき、どんな感じでしたか？」

このような回答をいただくことが多いです。

・ダラダラ過ごしてしまう。
・まあいいか、と思うことが多くなる。
・その場の雰囲気に流されやすくなる。
・成長がない。
・暗くなる。
・妥協してしまう。
・毎日楽しいと思うことがない。
・ゴロゴロすることが多くなる。
・時間が解決してくれる、また、時間が過ぎるのを待っている。
・グチをこぼす。

・ボーっとする時間が長い。
・その場かぎりになってしまう。
・何のために生きているのか、仕事をしているのか、わからなくなる。

これらは、あなたと同じような人たちが、すでにこれまでの人生の中で体験されたことです。

私も含めて、多くの人が、目標を持つとどのように良いのか、目標がないとどうなるのか、よく知っているのです。すでに体験の中から学んでいるのです。

最高のごほうびとは？

あなたの過去を振り返ってみてください。

過去充実していたとき、すごく頑張れたとき、すごいパワーが発揮されたとき、きっと目標のようなものがあったのではないでしょうか。

目標は、それを達成するためだけにあるものではありません。

目標は、あなたを成長させてくれたり、仲間に出会わせてくれたり、より良い人生にしてくれるものなのです。

人は、結果ではなく、その過程や道のりの中で、「成長」することができます。

かけがえのない「成長」や「出会い」、「充実感」を得ることができるのです。

目標を設定して、取り組むことの「ごほうび」は、ここにあるのです。

10　最初は方法がわからなくてもよい

最初から答えを持っているわけではない

私は最初、「目標を持ったと同時に、達成する方法は持つべきものだ」と思っていました。世の中の、いわゆる成功者、成果を出している人は、「目標を設定したと同時に、その達成する方法を知っているから、成功しているのだ」と思っていたのです。

だから余計に、行動や方法、つまり、答えばかりを探していたのかもしれません。

もし、「目標を持ったと同時に、達成する方法は持つべきもの」ならば、答えがないかぎり、一生前に進むことはできません。

私は次第に、「そうではない」と気づいてきました。

成功者も大きな成果を出している人も、最初から答えを持っているわけではなかったのです。

明確で価値を感じる目標があって、それに向けて頑張っているうちに、その達成方法が見えてくるのです。

明確な目標を設定するから、その達成方法が見えてくる

私は小さなとき、レゴが大好きでした。「ブロック！　ブロック！」と叫んで、おもちゃの購入を、

家族にねだっていました。

このようなとき、子どもは、よく、こう言うのだそうです。

「みんな、持っている。買って！　買って！」

でも、みんなが持っているわけではないです。私がレゴを欲しいと思っているから、それにばかり目がいき、一部の友達が、みんなに、見えているだけなのです。

あなたも似たような経験はないでしょうか。

iPhoneが欲しいと思ったら、iPhoneばかりが目につく。ブランドのバックが欲しいと思ったら、そればかりが気になる。赤い車が欲しいと思ったら、頭の中がそれでいっぱいになった。

目標達成もこのような感じなのです。

「この目標を達成したい！　どうしても達成したい！」こう思って取り組んでいると、それに関する情報や気づき、知りたいことが、どんどんわかってくるのです。

目標達成に関することが、目についたり、気になったり、頭の中がそれでいっぱいになるのです。

私たち人間の脳には、このような機能が備わっているようです。興味や必要性を感じた情報をキャッチし、そうではない情報をキャッチしない。

この機能を生かさないのは、もったいないです。

必ずしもはじめから、目標を達成する方法を知っている必要はありません。

「得たい成果を明確にする」「明確な目標を設定する」から、その達成方法が見えてくるのです。

11　情熱が注げるテーマを見つける

目標を見つけることを、目標にしよう

「目標がありません。どうやったら見つかりますか？」という質問をいただくことがあります。

私の回答はこうです。

「目標を見つけることを、目標にしましょう。○月○日までに目標を見つける、または、○月○日までに興味があることを三つ見つける。このような目標でもよいですよ。」

すると、笑顔になられます。

あなたが、情熱を注げることを見つけることは、立派な目標です。とてもチャレンジしがいのあることです。

すでに目標があることは、ある意味、幸せなことだと言えます。

スポーツとビジネス、両シーンを見ていて感じることは、仕事となると目標がなくて困っている人が非常に多いのです。情熱を注げることがなくて、困っているのです。

前述しましたが、今からでよいのです。今からチャレンジすればよいのです。今がもっとも人生で早いタイミングです。

「目標を持って、もう一度頑張ってみようかな」という人には、まず、あなたが情熱を注げるテー

マを見つけることをおすすめします。

たとえば、スポーツならば、結果うんぬんではなく、本当に「やりたい！」というもの。ビジネスならば、儲かろうが儲からなくても「これだ！」「これにすべてを注ぎたい！」というものです。

最終的に、もっとも多い悩みは、「やる気が維持できない」「継続できない」ということです。

情熱が注げるものをテーマ＝目標にした場合、情熱があるので、続けることができます。

興味があるので、それに関する情報がどんどん飛び込んできます。また、あなた自身がそれを達成するための情報を集めはじめます。

継続して何年もそのテーマに没頭していると、その分野で結果が出ます。やりがいを感じます。うれしいです。つまり、その分野のトップになることにつながります。

あなたが情熱を持てるものは何ですか

自然哲学者のアイザック・ニュートンは、「あなたは、どうやって重力の法則を発見したのでしょうか？」という問いに対して、このように答えたそうです。

「年がら年中、そのことばかりを考えていただけです。」

これです。情熱なくして、偉業を成し遂げることはできません。情熱は力なのです。

私の情熱のさきには、「努力が報われる方法」を追求すること、伝えることがあります。

あなたが情熱を持てるものを見つけてください。

書いてみよう

1. あなたが「情熱を持てるテーマ」を、書いてみてください。

2. あなたの目標を、具体的に書いてみてください。

コツ① 日付を入れる。
コツ② 具体的に書く。
（誰が見ても、達成の○・×が判断できるもの）
コツ③ 目標は、自分が価値を感じるものが良い。

私＋日付＋具体的に

例）・私は、6月7日の日本選手権で、13m20を跳び優勝する。
・私は、12月31日までに、年商1億円を達成する。

「具体的に書くこと」が難しいとき・・・

良い○○ってどんな○○だろう？と考える

例）最高の学級をつくる。

⇩（もう少し具体的に）

最高の学級ってどんな学級だろう？

1. チャイム座席ができる。 2. 遅刻者0。 3. 教室にごみが落ちていない。
⋮

「最高の学級リストを、１０個達成する」という目標ならば、
先生と子ども全員で目標が共有ができ、達成の○・×も判断できます。
具体的な目標である、と言えます。

○・×が判断できるからこそ、そこに達成感や成長があるのです。

第1章で学んだアクションプラン

- □ 情熱が注げるテーマを見つける
- □ まず、目標を設定する
- □ 目標があったとき、どんなプラスがあったのか考える
- □ 目標がなかったとき、どんなマイナスがあったのか考える
- □ 流れ星が流れる間に、目標を言えるようにする
- □ 最初は、方法がわからなくてもよい

第2章　常勝メンタルを手に入れる

12　思いにはレベルがある

思いには、「強い」「弱い」というレベルがある

思いには、レベルがあります。

たとえば、「お腹が空いた、何か食べるものが欲しいな」という「思い」だとします。

ある一つの場面を想像してください。

私とあなたが、砂漠を1週間さまよっています。かれこれ5日間は、食事を口にしていません。お腹はペコペコです．お腹と背中が引っつくような、過去に体験したことのない空腹です。

100メートル先に、オアシスがあります。食べ物があるのだそうです。

あなたは、どうしても食べたいですか？

もう一つの場面を想像してください。

私とあなたは､百貨店にいます。お昼ご飯を食べました。とても美味しかったです。館内をグルッとまわります。

100メートル先に、喫茶店があります。食べ物があるのだそうです。

あなたは、どうしても食べたいですか？

どちらの「食べたい」という思いが強いでしょうか。

もちろん、前者です。

このように、思いには、強い、弱いというレベルがあります。

真剣さには、レベルがあるのです。

では、思いのレベルが強いとき、弱いとき、どちらのときに、目標は達成できそうでしょうか。

「どうしても達成したい！」という人と、「達成できたらいいな」という人、どちらに勝利の女神は微笑みそうでしょうか。

「達成できたらいいな」よりも「達成したい！」という人にです。

思いが強い人に、勝利の女神は微笑むのです。

あなたへの問いかけ

なぜ成功しないのか。

なぜ目標達成しないのか。

それは、「成功する欲や思いが足りない」、というケースがほとんどです。

思いが足りないのです。欲に欠けるのです。

たった一つのことを、あなたに問いかけます。

「あなたは、本気ですか？」

13　目標達成の極意とは

恩師から学んだこと

中学生のとき、人生の師といえる先生、原田隆史先生に出会いました。

現在は、株式会社原田教育研究所を立ち上げ、ユニクロやカネボウ化粧品、野村證券、中外製薬工業、キリンビールなど約３００社・6万人のビジネスマンを指導されています。社会人をはじめ、子ども、家庭、スポーツ、海外など、教育界全体をリードされている先生です。

私は、原田先生から、３年間１０００日にわたって教育を受けました。

卒業後もさまざまなことを教えていただき、前職では4年間、原田先生のもとで仕事をしました。

陸上競技を通して、また、仕事を通して、どのようにすれば目標が達成できるのか、そのイロハのすべてを学びました。私が、恩師から学んだことで、その最たるものが『本気』です。

物事に本気で取り組むとはどういうことなのか、「本気になること」を教えてもらいました。

輪投げ理論

原田先生の教えの一つに、「輪投げ理論」というものがあります。

輪投げで景品をとるためには、輪投げの腕やテクニック以前に、店主に注意を受けようが、体を前へ前へ伸ばし、「何としても景品をとってやろう！」という強い思いが必要です。

思いがさきなのです。

具体的なやり方や方法よりも、「思い」なのです。

目標達成の究極の“極意”

私は、目標達成の究極の「極意」を原田先生から学びました。

それは、『決める』ということです。

目標を達成するためには、「目標達成できたらいいな」ではなく、「目標達成する！」と決めるのです。

オリンピックで金メダルをとった選手は、偶然、成功したのでしょうか。

金メダルは、決して偶然には得られません。「金メダルをとる」と決めていたのです。

過去、私は、中学生のときから何度も、日本一になる瞬間をこの目で見てきました。彼らは、みんな、決めていました。

また、これまでたくさんの本や教材、セミナー、数多くの目標達成に関するものに触れてきました。その分野のマニアです。

しかし、あとにもさきにも、原田先生から学んだ、「決める」、これが究極の極意でした。

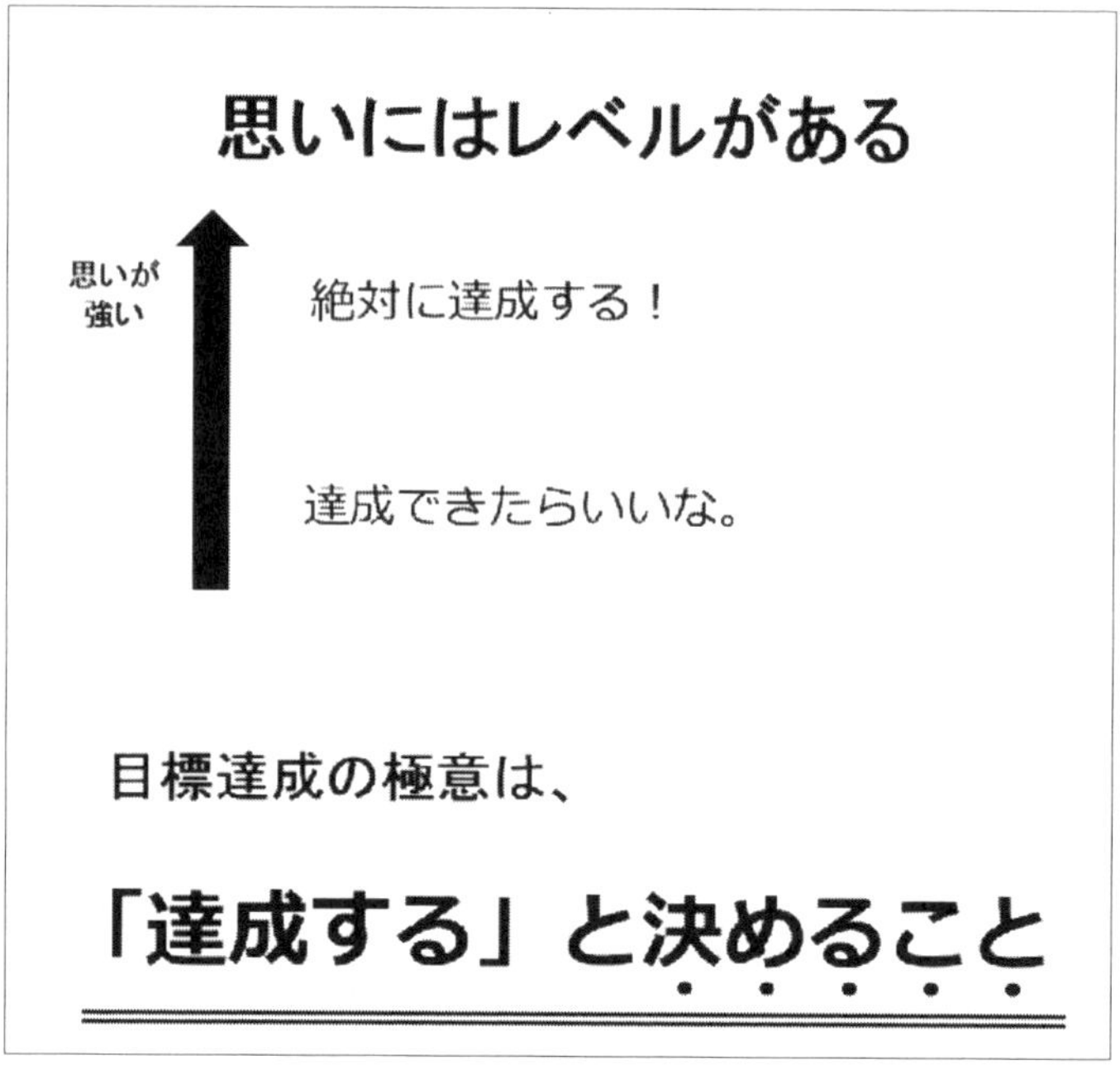
思いにはレベルがある
思いが強い
絶対に達成する！
達成できたらいいな。
目標達成の極意は、
「達成する」と決めること

目標達成の要素は、「心・技・体・生活」でした。

これらの要素は、いずれも「トレーニング」や「学習」によって、高めることができます。

心は、メンタルトレーニング。

技は、テクニカルトレーニング。

体は、フィジカルトレーニング。

生活は、ライフスキルトレーニング。

それぞれの競技や仕事によって、名称は異なりますが、心・技・体・生活をいずれも強化できることに変わりありません。

「達成する！」と決めたことに対して、自分を高めて、やりきるのです。

敵は、自分です。自分に勝つことが、「常勝メンタル」の神髄なのです。

14　目標とセットで持つべきもの

大きな目標であればあるほど、方法はわかりづらい

目標を決めたと同時に、必ずしも、最初からそれを達成する方法を知っている必要はありませんでした。

大きな目標であればあるほど、その達成方法はわかりづらいものです。

ただ、そこに強い思いは必要です。

目標という山の登り方は、たった一つだけではありません。山の反対側からのルートがあるかもしれません。直通のゴンドラや車道があるかもしれません。

あの山に登りたい、その強い思いが、方法を見つけていくのです。

方法へ理由

そのような強い思いは、どこから生まれるのでしょうか。私は、「理由」だと考えます。

目標を達成していく人は、はじめに「目標と方法」をセットで持っているのではなく、「目標と理由」をセットで持っています。

その目標をどうしても達成したい「理由」です。

「なぜ達成したいのか」「達成してどうしたいのか」、明確な理由を持っているのです。

大きな成果を出している人から学ぶべきこと

私の中学からの親友に、橋口徳治という男がいます。学校の先生をしています。

彼も、私と同じく原田先生から教育を受けました。

彼の中には、「一人の先生との出会いによって自分の人生が変わった」という経験があります。

教師になった1年目です。

大阪市の非常に問題を抱えた学校に勤務することになりました。

彼は、中学時代に砲丸投で日本一、中学記録を樹立したほどの、心身ともに屈強な男です。

その彼が、わずか1年間で3回もの骨折を経験しました。問題を抱えた学校を本気で立て直す、その過程での怪我でした。

彼には、「このような学校にしたい」「このような子どもを育てたい」、未来へのイメージがありました。つまり、目標がありました。

そして、「自分が教育で変わったように、多くの子どもを救いたい！」、困難に決して負けない、強い理由を持っていました。

大きな成果を出している人から最も学ぶべきことは、うまくいかなかったり、困難があっても、なぜあきらめなかったのか、その強い思いや理由なのです。

15　なぜ、その目標を達成したいのか

行動を起こす動機や理由をもつ

なぜ、モチベーションが低いのか。

それは、競技や仕事に対して、目標や理由がないからです。

もしくは、目標や理由が明確でない、または、その人にとって本当の目標や理由でないことが考えられます。

「どうやったらモチベーションが高まりますか？」と、よく質問をいただきます。

モチベーションの正体がわかると、その悩みはスッキリします。

motivation（モチベーション）を辞書で調べると、「動機づけ」と出てきます。「動機」とは、「人が意志を決めたり、行動を起こしたりする直接の原因」と出てきます。

わかりやすく表すと、行動を起こす原因や理由が、動機であって、その動機を持つことがモチベーションになります。

つまり、目標を達成しようと思って、そのモチベーションが欲しければ、達成する動機や理由となるものがあればよいのです。

しかも、強い動機や理由であればあるほど、目標へのやる気が高まるわけです。

意味と価値

私は、二つの理由を大切にしています。

「意味」と「価値」です。

「意味」とは、なぜその目標を達成したいのか、「なぜ」に答えるものです。

「価値」とは、達成したらどんな良いことがあるのか、「どうなる」に答えるものです。

「なぜ」と「どうなる」がハッキリすると、人間、行動ができます。行動する「理由」があると、積極的に行動ができるのです。

あなたは、「なぜ」その目標を達成したいのか

普通の女子大生から日本一になった彼女は、この問いに対する明確な答えを持っていました。

「監督や専門的なコーチがいない大学からでも、日本一になれる、ということを証明したかった。チームメイトや後輩に、やればできることを伝えたかった」、このような強い思いがありました。

彼女には、頑張る理由があったのです。

目標を達成したい強い理由があったのです。

日本一を達成した翌月には、学内の新聞の一面を飾りました。この紙面を読んで、クラブへ入部した学生、第2第3の彼女を目指して頑張っている学生がいると聞いています。

彼女は、「どのような環境からでも日本一になることができる」、と希望を与えたのです。

16　目標を達成したら、どんないいことがあるのか

並んだら、「どうなる」

近所に大きなパチンコ屋さんがあります。

休日になると開店前から、長蛇の列を見かけます。

夏は暑いです。冬は寒いです。それでも、並ぶ「理由」があるのです。

パチンコをたしなむ友人にインタビューしました。「開店前から並んだら、どんないいことがあるの？」

友人は答えました。「良い台に座れる」と。

つまり、友人は見えているのです。開店前から並んで、良い台に座れば、大当たりするイメージが見えているのです。

この行動のさきに、「いいことがあるんじゃないか」と「どうなる」がイメージできているから、朝早くから並び、お金を出す、という「行動」ができるのです。

あなたが、その目標を達成したらどんないいことがあるのか
この問いに対する明確な答えやイメージがあれば、ワクワクしていきます。モチベーションにな

ります。目標を達成したい理由になるのです。

よく学生には、「夢のさきの夢をイメージしなさい」といいます。

ここでいう夢は、目標と考えてください。「目標を達成したあとの世界をイメージしなさいよ」、ということです。想像で良いのです。こうなったらいいな、をイメージするのです。

さぁ、書き出そう

目標を達成する「意味」と「価値」が、あなたにパワーを与えます。あなたを本気にさせます。

「あなたは、なぜその目標を達成したいのでしょうか?」

「あなたが、その目標を達成したらどんないいことがあるのでしょうか?」

これらの問いに本気で向き合ってください。

今すぐ、ペンを用意してください。次のページに書き出してみましょう。

最初は、それぞれ3個ずつを目指しましょう。

内容は具体的であればあるほど、よいです。あなたの本音であればあるほど、よいです。

書けなくてもガッカリする必要はありません。書けないということは考えていないということです。これから考えられるように、トレーニングすればよいのです。

メンタルトレーニングです。

「トレーニング」ですので、やっているうちにどんどん身についてくるのです。

書いてみよう

何のために目標達成を目指すのか、考えてみましょう。

1. あなたは、なぜその目標を達成したいのですか？

※感情的な内容で良いです。あなたの本気の思いを書きましたか？

2. あなたがその目標を達成したら、どんないいことがありますか？
（ありそうですか？）

※感情的な内容で良いです。あなたの本気の思いを書きましたか？

大きな成果を出す人と、途中であきらめてしまう人との差は、「達成する」と決めるきっかけや理由が、あるかどうかの違いだけです。

あなたの回答が、あなたの頑張る理由やあきらめない理由になるのです。

17　もっと好きになる

目標を達成するための、強い思いづくり

あなたの思いを強くする土台ができました。

これから、「意味」と「価値」、「なぜ」と「どうなる」をますます強化していきます。

あなたが目標を達成するための、「思い」づくりです。

「好き」をふくらませる

「なんで目標を達成したいの？」「なんでその競技をしているの？」と聞くと、こう答える人がいます。

「好きだから」

これは、強い理由の一つになります。

好きだから、情熱があるから、頑張れるのです。

この好きというエネルギーを、もっと高めればよいのです。

勝敗がともなう競技スポーツをしていると、いつしか本来の楽しさ、純粋な気持ちを忘れてしまうことがあります。

そのような人には、その競技の好きなところをいくつも書き出してもらいます。仕事ならばその仕事の好きなところを、書き出すのです。

陸上競技には、１００ｍや４００ｍ、マラソン、走幅跳、三段跳、砲丸投、ハンマー投…、たくさんの種目があります。

私は、陸上競技の「三段跳」を専門種目にしていました。

私は、三段跳の良さ、素晴らしさを、何時間でも語ることができます。自分の種目や仕事の良いところ、好きなところ、たくさん書き出すのです。グループで言い合うのです。

たとえば、こんな感じです。

「陸上競技は、最高のスポーツです。

陸上競技は、走る、跳ぶ、投げる、という何十種類もの種目から成り立っています。

走るのが苦手な子は、投げればよいのです。仮に、短い距離が苦手で、長い距離が得意ならば、長い距離の種目を選べばよいのです。

自分に合った競技が選べるのです。自分の長所を生かせるのです。

とても教育的なスポーツといえます。

そのような陸上競技の中でも、三段跳がダントツによいです。

走幅跳ならば、走って一回のジャンプで勝負が決まります。スピードやバネが問われます。

三段跳はどうでしょうか。三つのジャンプの合計距離で競われます。毛利元就の３本の矢です。

一つのジャンプなら負けてしまう人も、三つのジャンプなら、よりあなたの努力が反映されるのです。三つのジャンプにドラマがあるのです。」

このように熱く語るのです。

内容については、いやいや私の種目のほうが、いやオレの種目のほうが、となるかもしれません。

ここでは、自慢大会でよいのです。だから、白熱するのです。

「反論はなし」とルールを決めると、一層、盛り上がります。

また、他の人の意見を聞いていると、その人が取り組んでいることに興味がわいたり、応援したくなったり、また自分がやっていることに、愛着が持てるものです。

熱く語る

このような経験をしたことがあります。

同窓会で、女の子に言われたのです。「熱いの、いや!」

お、来たか、という感じです。

会話をしていると、どうやらその女の子が、EXILEファンだとわかりました。

そこで会話の話題を、「好きな芸能人について、どこがいいのか教えて」というテーマにしました。

熱いのがいやや、と言っていた女の子が熱狂的に語るのです。すごいな、と思いました。

誰でも熱くなれるものを持っているのです。恥ずかしがっていたら損をするのです。

18　あなたの初心の思いは

志したきっかけとは

初心を思い出すことは、あなたの思いを深める一つの方法です。

人生には、入学や入部、入社、転職などの節目があります。

その節目に出くわすたびに、そこに、初心や原点、あなたが志したものがあったのではないでしょうか。それを思い返してみてください。

前項と同じように、書き出すとよいでしょう。それをテーマに話すのもよいでしょう。

スポーツならば、それを初めてやったときや、入部したときの思いや目標、その当時を思い返してください。

ビジネスならば、その仕事を選んだ理由、面接で語った思い、その当時を思い返してみてください。

書くと話す

「書く」のが得意な人がいます。「話す」のが得意な人がいます。

どちらもやることで、そのテーマを深く掘り下げることができます。

19　ラストシーンを思い浮かべる

時間は有限

私たちには、見えない砂時計が存在しています。

今この瞬間も、砂は上から下へと流れ落ちています。

時間は有限です。限りのあるものです。

選手は、いつの日か、誰もが「引退」という、その瞬間を迎えます。もっと言えば、「死」という最後を迎えます。

死生観

私には大好きな祖父がいました。祖父は、北は北海道、南は沖縄、いろいろなところへ私を連れていってくれました。その祖父が、「余命半年」と医者から宣告を受けました。ガンでした。

勤務していた会社の上司が配慮してくれました。定時にあがり、私は、毎日のようにお見舞いへ行きました。

そんな祖父にも、最後のときが訪れました。

息を引き取るとき、祖父の周りには涙を流す家族でいっぱいでした。家族思いの祖父がつくった最後でした。

私は、祖父が亡くなるという体験から、「死生観」というものを学びました。人には、必ず最後がくる、ということです。

限りある時間、使い方は無限、私次第です。「本気で生きねば」、そう思いました。

今やらねばいつできる

卒業アルバムの最後のページに、白紙のページがありました。

中学校のとき、高校のとき、その白紙のページへ、卒業のメッセージを書いてもらいました。友人やお世話になった先生に書いてもらうのです。

中学校のとき、陸上競技部の恩師が、このようなメッセージを書いてくれました。

「今やらねばいつできる！　オレがやらねば誰がやる！」

それ以来、この言葉は、私を奮い立たせる金言になっています。

今やらなければ、「今」というときは、一生戻ってきません。悔いなき人生を歩むために、今に全力を尽くすことが、賢明なのです。

理想の最後をイメージする

選手には、「引退」というときがきます。「生涯現役だよ」という人にも最後はあります。これは、今のところ逃れようのない事実なのです。

あなたはどのような最後を迎えたいでしょうか。

想像してみてください。

どんな引退が理想ですか。

あなたはどこにいますか、誰が周りにいますか、あなたはどのような言葉を口にしていますか。

私たちが、目にする映画やドラマ。感情移入をして見ていると、ハッピーエンドを望みたくなります。

あなた自身の競技や仕事のハッピーエンドをイメージしてみてください。

いつ、どのような理想の最後なのか、をイメージすると、「今やらなくてはいけないこと」「これからどうするべきなのか」よくわかります。

最後が決まれば、それに向けての道のりが見えてくるのです。

スポーツなら、理想の引退。ビジネスなら、理想の退職。理想の最後をイメージしましょう。

未来を描いて、今ここに全力を尽くすのです。

あなたの「今」の延長線上に、理想の未来はありますか？

この道のさきに、自分が納得できる最後がありますか？

自分の胸に問いかけてみてください。

時間は限りあるものです。その使い方は「あなた次第」なのです。

20　誰かのために頑張ってみる

あなたの潜在的なパワーを引き出す

あなたは、あなたのためだけに頑張りますか。

あなたの心や地位や名誉、または賞状やトロフィー、賞金、給料などの、あなたの物心を満たすために頑張るのでしょうか。

本章の五つの問いの回答の中に、家族や恩師、仲間、先輩、後輩、チーム、または、地域や業界、日本、世界のために、という人もいらっしゃったのではないでしょうか。

人の心は、弱くも、強くもなるものです。

私自身は、選手としては日本一になれませんでした。しかし、指導者として多くの日本一に携わりました。私自身、サポートする立場がピッタリだったのかもしれません。

しかし、自分の中で確実に感じたのは、「自分のために」より、「誰かのために」頑張ったとき、すごいパワーが出たということです。

自分の底知れぬパワーが出るのです。

あなたは誰のために戦いますか？

誰を喜ばせたいですか？

誰と喜びを分かち合いたいですか？

これが、目標達成のための「強い理由」になります。

あなたの思いを強くする「理由」を書く

ここまで、強い思いをつくるために、「意味」と「価値」、「なぜ」と「どうなる」をいっしょに考えてきました。

・なぜ、その目標を達成したいのか。
・達成したらどんないいことがあるのか。
・その競技の好きなところは、どんなところか。
・あなたはどのような初心の思いを持っていたのか。
・あなたが考える理想の最後とは。
・あなたが喜ばせたいのは、誰か。

いずれもあなたの思いを強くするための「理由」に気づいてもらうための問いでした。

あなたに気づいてもらったその理由が、「目標に向けて頑張る理由」や「目標をあきらめない理由」になります。

これらは、紙に書き出すことがポイントです。

「頭の中で考えた」というほど、あいまいなものはありません。あいまいなものからは、あいまいな結果しか生まれないのです。

あなたの思いを、文字にしてください。

強い思い×目標達成の技術

目標を達成することができない主なケースには、次のものがあります。

①　目標そのものがない。
②　目標はあるが、達成する方法がわからない。
③　達成する方法はわかるが、行動ができない。行動をしていない。
④　行動はできるが、その継続ができない。量が足りない。
⑤　継続しているが結果がでない。
⑥　途中であきらめてしまう。

これらのケースの多くが、強い思いを持つこと、「達成する！」と決めることで解決することができます。これに加え、思いだけに頼らず「目標達成の技術」を用いることで、目標を達成していくことができるのです。

日付の入った具体的な目標を持ち、強い思い、「理由」を持って、「達成する！」「実現する！」と決めて、挑戦するのです。

第2章で学んだアクションプラン

- □「達成する！」と決める
- □目標と理由をセットで持つ
- □「なぜ、その目標を達成したいのか？」紙に書き出す
- □「達成したらどんないいことがあるのか？」紙に書き出す
- □その競技や仕事をもっと好きになる
- □初心を思い出す
- □最高のラストシーンを思い浮かべる
- □誰かのために頑張る

第3章　頭で勝ってからいく

21　その目標を「2回」達成する

頭で勝ってからいく

大きな成果を出す人は、「イメージ」を持っています。目標達成のイメージです。

中学生のとき、私の学校は、常勝チームでした。

全国大会で史上初となる男女アベック優勝を成し遂げた学年で、各雑誌で話題になりました。それと同じくらい価値のある成果が、大阪での「総合優勝」です。在籍中、大阪の総合連覇を、ずっと経験することができました。

スポーツでは、来たる大会当日に向けて、「調整練習」というものを行います。

ターゲットとなる大会に、ピークを持っていくためのものです。

心身ともに最高の状態をつくるこの調整練習においては、練習の中身だけでなく、ありとあらゆる準備を行います。

先生からは、門外不出の特別なプリントを手渡されました。

そこには、大会当日の心構えや調整法が記されていました。

その教えの一つが、『頭で勝ってからいく！』です。

まず、「頭の中で勝つ」ということです。さきに頭の中で、成功するのです。

頭の中で勝つ、そして、現実で勝つ。

２回の勝利をおさめるわけです。

葛西選手の涙のわけ

ソチ五輪の、ジャンプ男子ラージヒルで葛西選手が銀メダルを獲得しました。また、ジャンプ男子団体で、日本チームは銅メダルを獲得しました。

個人では涙を流さなかった葛西選手が、団体のメダルに、涙していました。

後日、スタジオでアナウンサーが質問をしました。

「個人では涙を流されていませんでしたが、団体戦のあと、涙していましたね」

「朝から泣いていました」

「え、朝からですか？」

「そうです。朝、イメージトレーニングをするのですが、ジャンプのあと、表彰台にあがるところまでイメージをします。メンバーの頑張りを知っているので、涙しました」

競技中のイメージだけではないのです。目標達成の後の世界までイメージすることが大切なのです。

「夢のさきの夢をイメージしなさい」とは、まさにこのことなのです。

「頭の中」と「現実」で、勝つのです。

22　イメージの原則を知る

すべてイメージからつくられている

今、私たちの目の前にある携帯電話やペン、電球、車…すべてイメージからつくられたものです。誰かが、「このようなものがあったらよいな」と、イメージをし、それをかたちにしたのです。

「野球の打者（バッター）」を、頭の中に思い浮かべてみてください。

野球を見たことがある人や、バッターを知っている人は、それがイメージできるでしょう。また、「バットを振ってみてください」というと、実際にその動きができるでしょう。

バットを見たことがない人は、その使い方がわかりません。バットが振れません。右手と左手が、逆さまになるでしょう。

では次に、「ヨガのインストラクター」を、頭の中に思い浮かべてみてください。

いろいろなポーズがあります。仮に、ここでは「戦士」のポーズとします。戦士のポーズをやってもらえますか。

戦士のポーズを見たことがある人、やった経験がある人なら、それをかたちにすることができるでしょう。しかし、それを見たことや聞いたこともない人が、それをやってみることほど難しいことはないのです。

イメージの原則

ここにイメージの原則があります。

人は、イメージできることはかたちにすることができます。イメージできないことはかたちにすることができないのです。

とても重要なポイントです。

天才作曲家といわれるモーツァルト。

モーツァルトの曲の中に、演歌調の曲は一つもありません。

それはなぜか。

脳学者の茂木健一郎さんは、書籍の中で、こう答えています。

『答えは簡単です。モーツァルトは日本の演歌を聞いたことがないのですから』

いくら天才といっても自分のイメージや創造の中にないものは、つくることができないのです。かたちにできないのです。

スポーツも仕事も同じです。

イメージがなければ、それを実現することはできません。いくら強い思いがあってもイメージがなければ、それをかたちにすることは難しいのです。

では、どのように、イメージをつくっていけばよいのでしょうか。

答えはシンプルです。

23　あなたが得たいものを、すでに得ている人に会いにいく

イメージづくりのヒント

ところで、ダイヤモンドの鑑別の話です。

新人には、ひたすら「あるものだけ」を見せるのだそうです。

そのあるものとは、「本物」です。本物だけを見せるのだそうです。

そうすることで、見る目が育つようです。本物のダイヤモンドのイメージがハッキリすることで、そうでないダイヤモンドとの違いや特徴がわかるのです。

ここにイメージづくりのヒントがあります。

イメージがあれば、それに近づくことができる

「最高の学級を目指したい」という人がいます。

「日本一の学校をつくりたい」という人がいます。

いずれも、素晴らしい目標です。

しかし、あなたが思う最高の学級と、私が思う最高の学級が、あいまいなのです。そこに、ズレ

や違いがあるかもしれません。先生と子どもたちが、そのイメージ＝「最高の学級像」を共有できていなければ、チグハグしてしまいます。

日本一も同じです。どんな学校が日本一かがイメージできなければ、それを実現することはできません。

私の中学校時代の話です。

先生は、「日本一の練習をしよう」という目標を、言葉だけではなく、実際にそれを見せてくれました。当時、実績が日本一であり、先生が目指すチームの練習を、実際に見せてくれました。

そのモデルとなる奈良県の学校へ、私たちを連れて行ってくれました。すでに先輩たちは、何度かその学校へ行っていたそうですが、当時、中学1年生の私には、初めての体験でした。

全国大会で活躍している選手がゴロゴロといました。1年生の私には、とてもハードな練習メニューでした。

しかし、正直な感想は、「やれそう」なのです。「こうやれば日本一になれる」とイメージがわいたからです。同じ中学生です。同じ人間です。できないことをやっているわけではありません。

「日本一」というイメージが具体的になれば、それに近づくことができます。

私が、三段跳に転向したときもそうでした。

当時の社会人の大阪チャンピオンを私に会わせてくれました。直接、指導を受ける機会をつくってくれました。その成果で、メキメキと力をつけることができました。

イメージができたら、それに近づくことができるのです。

言葉よりも映像で、映像よりも実物で、耳だけでなく、目だけでなく、五感で、本物に触れることで、そのイメージはどんどん膨らみます。「鮮明でリアルなイメージ」は、実現しやすいのです。仕事ならば、営業のデモンストレーション、プレゼンの見本など、実際に見せてもらえば、そのイメージが急激にできあがります。

イメージはつくるもの

幸いなことに、私ははじめから恩師に、本物ばかりを与えてもらいました。イメージが鍛えられました。

サポートする立場になって感じたことがあります。

中学時代、先生はすべて「用意」してくれていたということです。

簡単に日本一の学校へ行けるわけがありません、三段跳をやったこともない初心者が、大阪チャンピオンに直接教えを受けられるわけがありません。すべて先生が「用意」してくれていたのです。

日本一になりたければ、日本一に会いにいくのです。

あなたが得たいものを、すでに手にしている人に会いにいくのです。そして、話を聞きます。五感で触れるのです。

イメージはひらめくものではありません。ひらめくための「材料」が必要です。

イメージはつくるものなのです。

24　達成したときの自分を想像する

未来の自分を先取りする

時間は有限です。かぎりがあります。

できれば目標達成までの、「最短の道」を進みたいわけです。

そのようなとき、「目標を達成した自分」のイメージがあると、その道を歩むことができます。

まず、未来の目標を達成した自分のイメージを持ちます。次に、今（現在）の自分を知ります。するとその差がわかります。その差を埋めるのが、最短の道です。

私は「間違い探し」といいます。

理想とする自分と、今の自分との差を、探すのです。

よくテレビ番組のゴールデンタイムに放送されているクイズ番組と同じです。

いったい何が違うのか。課題や不足している部分を探していきます。

それら一つひとつの「間違い」が「パズルのピース」です。

日々のトレーニングで課題をクリア＝ピースを埋めていくと、「目標達成」いう「パズル」が完成するのです。

達成時の自分で取り組む

あなたに質問です。

「どういうあなたならば、目標が達成できるでしょうか？」

「目標を達成するには、どういうあなたである必要がありますか？」

あなたが達成したい目標に対して、答えてみてください。

目標達成の要素は四つでした。心・技・体・生活です。

どのような心で、どのような技で、どのような体で、どのような生活であれば、それが達成できるでしょうか。

これがわかれば、やるだけです。

高めるだけです。

人は、イメージを越えたものになることはできません。

イメージは最初、他者を見て、イメージをふくらませていきます。次第にそれを、自分に当てはめていきます。

達成時の自分を鮮明にイメージするのです。

それを、演じます。なりきります。

それに近づくように日々取り組むのです。

25　イメージしながら体を動かす

イメージに感情を込める

かつてのイメージトレーニングは、視覚的なものが中心でした。あるときは座って、あるときは寝転び、目をつぶって、その競技をイメージするものでした。

それが進み、五感を使うイメージトレーニングに発展しました。五感とは、視覚、聴覚、味覚、嗅覚、触覚です。目に見えるイメージだけでなく、そのときの音、味、ニオイ、身体の感覚まで、よりリアルに鮮明に、イメージするのです。

最近はこれに、感情を加えます。

イメージに感情を込めるのです。

まさに、前述した葛西選手の「涙のイメージトレーニング」が、これです。

イメージはリアルであればあるほど、それをかたちにしやすいです。つまり、現実に近づけば近づくほど、そのイメージは良いものなのです。

視覚的で無味乾燥したイメージではなく、身体全体をつかい、感情をこめたイメージが、より現実に近いイメージとなるのです。

サイコフィジカルトレーニング

以前、東京で開催したセミナーの参加者に、陸上競技のチャンピオンがいました。

イメージトレーニングの話のくだりで、私はこう言いました。

「目をつぶって、スキーのイメージをしてください」

これだけを伝えました。

ある人は、目をつぶってスキー場をイメージしました。自分がすべっているシーンが見えるイメージを浮かべました。

ある人は、同じくスキー場をイメージしました。自分が斜面をすべったとき、自分の目にうつる光景を浮かべました。

チャンピオンだけが、両手にストック（杖）を持つようにして、身体を動かしていました。身体を横に動かし、まさに斜面をすべっているようでした。

このようなイメージをしながら体を動かす方法を、専門的な用語で「サイコフィジカルトレーニング」と言います。

私は、さまざまなイメージトレーニングの中でも、このサイコフィジカルトレーニングをおすすめします。

はじめは部分的に、そして、ゆっくり動きます、次第に全体的に、スピーディーに身体を動かしながらイメージを深めていくのです。

五感と感情をともなうイメージ、そして、身体を用いたイメージトレーニングが、あなたの目標達成を加速させます。

26　イメトレで、自信を高める

自信でいっぱいになるまでイメージする

人がイメージをしているときの脳の活動は、実際に身体を動かしているときの脳の活動とほとんど一緒だということが証明されています。

実際の練習や仕事と、イメージトレーニングを組み合わせると効果的です。

スキル面のトレーニングならば、上達が早まり、その動きをマスターすることができます。

ビジネスの場合、たとえばプレゼンテーションならば、受講者をイメージします。受講者の人数や年齢、職種、またニーズなど、できるだけ細部までヒアリングをして、準備します。

その当日の成功のイメージをつくりながら、声の抑揚、身振り手振り、ボディーランゲージ、会場の雰囲気等をイメージしながらリハーサルするのです。

目を閉じてイメージするだけが、イメージトレーニングではありません。

実際に会場の「その場」に立つことで、本番の緊張感まで体験できます。

よっし！　いける！

自信でいっぱいになるまでイメージするのです。

メンタルトレーニングの特徴は、24時間、いつでもどこでもできることです。それを生かさないわけにはいきません。

メンタルトレーニングとは

メンタルトレーニングといえば、何か新しいトレーニングや魔法のようなトレーニングと考えがちですが、決してそういったものではありません。

実際は、多くの一流アスリートやビジネスマンにとっては、無意識の内に行っている当たり前のトレーニングです。

心理学者が新しいトレーニング法を編み出したというよりは、世界の一流選手についていろいろ調べていくと多くの共通点が見つかり、それを研究、体系化したものがメンタルトレーニングの基礎です。

大きな成果を出すアスリートやビジネスマンの心の特長を、体系的にすることで、誰もが身につけることができるもの、これがメンタルトレーニングです。

目に見えない心をトレーニングするのが、メンタルトレーニングなのです。

つまり、目に見えない心を、目に見えるかたちのあるトレーニングとして鍛えるのが、メンタルトレーニングなのです。

27　喜んでほしい人をリストアップする

大きな成果を出している人は、自分のためだけに頑張っていない

大きな成果を出している人は、自分のためだけに頑張っていません。

自分が達成したい目標を通して、「誰かを喜ばせたい」という強い思いを持っています。

1章で、小学6年生の作文を紹介しました。

本田選手の夢。『世界一になったら大金持ちになって親孝行する』

葛西選手の夢。『五輪で金メダルを取って、家を建てる』

「いずれも家族を喜ばせたい」、そのような思いにあふれています。

スポーツではよく、指導者と選手が強い信頼関係で結ばれているとき、そこに、大きな力が生まれます。

指導者は、「選手を本気で勝たせたい」と強く願います。

選手は、指導者や仲間、そして家族、お世話になった人を思い、全力で頑張ります。その「感謝の気持ち」が、大きなエネルギーになります。

「恩返ししたい」という強い思いが、奇跡をつくるのです。

感謝の気持ちが「力」になる

あなたのやる気に火をつけるイメージトレーニングです。

あなたが目標を達成することで喜ばせたい人、喜んでほしい人を、すべて紙の上に書き出してみてください。「仲間」では抽象的です。具体的に「その名前」を記入してください。

書けるだけたくさん書いてみましょう。

あなたが、目標の達成を目指すとき、大きな目標であればあるほど、一筋縄にはいかないでしょう。ときに試練が訪れるものです。

そのとき、そのリストを見てください。声に出して読んでみてください。イメージしてみてください。実際に会いに行くのも一つです。心が元気いっぱいになるでしょう。

私自身、これまでスポーツや仕事に携わってきて、最後に残る財産は「人」でした。

現役時代よりも筋力は落ちています。今すぐ跳ばなければいけない状態になっても、全盛期のようには跳べません、走れません。

肉体は劣化するものです。しかし、スポーツや仕事を通して出会った「人」は一生ものです。財産なのです。

個人競技だから、個人の仕事だから関係がない!

決してそうではありません。個人競技だったら、それこそ誰に支えてもらっているのか、あなた自身が問われる「究極の団体競技」なのです。

28　ケニア人ランナーの工夫

貧しいケニア人ランナーがケニアンドリームを目指している話

ケニア人ランナーの話です。

あるバラエティ番組でした。貧しいアスリートが、オリンピック選手になるという「ケニアンドリーム」を目指しているお話でした。

彼の家は、私たちがイメージする「家」と言えるほど、立派なものではありません。その部屋の壁一面に、ケニアンドリームをかなえたトップランナーたちの新聞記事を貼っていました。部屋一面にです。

将来住みたい家の写真も飾っていました。立派な豪邸でした。神殿といえるぐらいの立派な建築物でした。

「こんな生活はいやだ。一生懸命練習をして、親をラクにしたいんだ」

彼は、言っていました。

親は、村中のお金を集めて、彼の夢を支援していました。

彼は、破れたシューズで、懸命にハードな練習をこなしていました。まさに命がけでした。

常に目につくようにする

ここから私たちは、二つのことが学べます。

一つは、思いの強さです。本気度です。

海外で、強烈な成果を出した選手や国を調べると、その多くは、貧困からの脱出や国のためにとか、目標に対する強い「理由」を持っていることがわかります。

もう一つは、思いを高める工夫です。

彼は、理想とするモデルや、達成したときの自分の生活の象徴となるものを部屋に貼っていました。常に、トップランナーの記事や、住みたい家が、目に入ってくるのです。

目に見えないものをいかに見えるようにするのかが、メンタルトレーニングのポイントでした。あなたの目標や理由、理想像といえるモデル（イメージ）、目標を達成したときの自分、喜ばせたい人、それらを目に見えるようにするのです。文字や絵、写真で表現し、いつでも目につくように、いつでも触れられる状態にするのです。

中には、次のように自分を鼓舞している人もいます。

徳川家康は、負け戦から逃げてきた自分の絵を書かせました。それを見て、自分を奮い立たせました。レスリングの吉田沙保里選手は、優勝の賞状ではなく、悔しくて仕方がない2位の賞状を部屋に飾っていると聞きました。

いずれも自分を鼓舞しているのです。目標達成のエネルギーにしているのです。

H先生が書いたモチベーションマップ（2013年作成当時のもの）

実現したい未来のイメージをつくり、いつでも確認できるようにかたちにする。

※定期的にイメージを強化し、更新していくと良い。

上図のようにあなたのやる気を高め、維持するアイテムをつくってみてください。

つくり方は、簡単です。

A3サイズの用紙を準備します。

真ん中に、目標を書きます。

あとは、その周りに49ページで書き出した理由、あなたの理想像、モデル、目標を達成したときの自分、喜ばせたい人等、写真や画像、絵、言葉を入れていくだけです。

ネットでGoogleから「画像」と検索すると、さまざまな材料が見つかりますよ。

あなたのやる気がグッと高まれば、完成です。

29　イメージのダークサイドを知る

絶対にイメージしない

今から言うことは、絶対にイメージしないでください。

絶対にです！

それは、キリンです。「白いキリン」です。「白いキリン」を絶対にイメージしないでください！

イメージを味方にする

どうでしたか？

「白いキリン」がちらちらと、頭の中に浮かんでしまったのではないでしょうか。

また、「白いキリン」という言葉を耳から聞くと、嫌でも「イメージしてしまうこと」をご体感いただけます。また、あなたが「白いキリン」と口にしたらどうでしょうか。より一層、そのイメージは浮かんでしまいます。イメージしたくなくてもしてしまうのです。

その原因は、脳の性質にあります。

私たちは、その単語から連想してしまいます。イメージしてしまうのです。

イメージは、力です。

「イメージできないことはすることができない、イメージできることはすることができる」。

だから、私たちは競技や仕事において、成功のイメージをつくることが大切でした。

イメージの力は、大きいのです。その大きさのあまりに、プラスにもマイナスにも働くのです。

ポジティブなイメージをすれば、それが連想できます。影響を受けます。

ネガティブなイメージをすれば、それを連想してしまいます。影響を受けてしまいます。

あなたは、どちらのイメージを味方にしますか。

もちろん、前者を目標達成や豊かな生活に使っていきたいわけです。

後者をイメージすれば、それに関する情報を「逆に」引き寄せ、それを実現してしまいます。

イメージをあなたの味方につけましょう。

一致させる

目標を達成しようと思えば、「一致」させることが、とても重要になります。

あなたの思い（＝目標）と、イメージ、行動を一致させる必要があります。

「こうしたい！」と思っていても、そのイメージが具体的でなければ、かたちにはできません。

それに、行動がなくては、もちろん、かたちにはできません。

一致させましょう！

第3章で学んだアクションプラン

- □ あなたが得たいものを、すでに得ている人に会いにいく
- □ 達成したときの自分を想像する
- □ イメージの中で勝つ
- □ イメトレで、自信を高める
- □ イメージしながら身体を動かす（サイコフィジカルトレーニング）
- □ 喜んでほしい人をリストアップする
- □ モチベーションマップをつくる
- □ 成功のイメージと行動を一致させる

第4章

目標達成せざるを得ない状況をつくる

30　やる気が落ちる前に行動してしまう

やる気は、落ちてしまう

「やる気でいっぱいになりました！」

「明日から頑張ります！」

セミナーへ勉強しに来てくれた人が、こう言ってくれます。とてもうれしい言葉です。

しかし、この「やる気」は、ずっと続くものとは限りません。やる気は、落ちてしまうものです。

あがるのですから、落ちるのです。やる気はそういうものだと考えたほうがよいです。

私は、勉強しに来てくれた人に、このように伝えます。

「やる気は、放っておくと、落ちるものです。時間とともに薄れてしまいます。それでは、もったいないです。やる気がある今のうちに、やる気を行動に変えてください。やる気が高まっている今のうちにです。」

これがポイントです。「やる気が落ちる前」に「今すぐ行動してしまう」のです。

行動をすると、何かしらのかたちで現状は変わります。場合によっては、後にはもう引けない、これぐらいの大きな行動もよいです。

放っておくとさがるもの、それが「やる気」

いわゆる「やる気」には二種類のものがあります。

一つは、「テンション」といわれる、瞬間的なやる気です。ヤカンのように熱しやすく冷めやすいのが特徴です。

もう一つが「モチベーション」です。長期的で、持続的なやる気です。

どちらが良くて、悪いかではなく、どちらも目標達成のために活用しましょう、という話です。

私やあなた以外の誰か、または、本や映像などの、外からの刺激によって高まったやる気は得てして「テンション」の場合が多いです。

「モチベーション」は、あなたの中に見つけるものです。なぜこの目標を達成したいのか、達成したらどうなるのか、目標や理由がモチベーションになります。

テンションは、放っておくと一瞬で下がります。

モチベーションは、放っておくと薄れていきます。そして、終（しま）いには、忘れてしまいます。

あなたのやる気は、放っておくと消えてしまうのです。

だから、何かの影響やきっかけで、あなたのやる気が高まったそのときに、すぐに、行動へと変えてしまうのです。

４章では、あなたのやる気が消えないように、より高まるように、その工夫やシステムをご紹介していきます。

31　思いは枯れる、夢は腐る

枯らさない、腐らせない

非常に残念なお知らせがあります。

それは、「思いは枯れる、夢は腐る」ということです。

あなたの思いは、何もしなければ、枯れます。あなたの夢は、何もしなければ、いつしか腐ってしまいます。

草木と同じです。そういうものです。

しかし、私は今でも、思いはかなうものだと信じています。正しい努力をすれば、必ずそれは報われると信じています。

それは、「思いは枯れる、夢は腐る」ということを、恩師から教わったからです。人間、このようなものだとわかれば工夫をします。

枯らさないように育てます。

腐らないように手入れをすればよいのです。

よくある目標を達成できないパターン

新年に目標を立てる人が多いです。

「このような1年にしたい！」「今年こそはこんな1年にするぞ！」、希望に満ちています。

ところが、しばらくして、「あのときの目標はどうなったの？」と聞くと、多くの人が、「それは･･･」と、うつむきます。または、私の言葉を聞いて、「そう言えば」と、ハッとされます。どうやら、自分の目標を忘れていたようです。

笑い話のような、実際の話です。

実にこのようなかたちで、目標達成できないパターンが多いです。

人は忘れる生き物です。

逆に、忘れることができなければ、つらい悲しみや思いがあれば、一生それを背負って生きていかなければいけません。

良くも悪くも「忘れる機能」が、私たちに人間には備わっているのです。

思いが枯れないように、夢が腐らないように、最初に打つべき策は「忘れないようにすること」です。

あなたの達成したいその目標を、何度も確認できるようにしましょう。

常に目標を思い出せるようにする

中学生のとき、「目標は貼りなさい」と学びました。

人間が1日の中で、少なくても2回は必ず目につく、「寝室の天井に貼りなさい」と教わりました。家に、壁掛けのカレンダーがありました。古くなった先月分の裏面を使って、よく目標を書きました。

それを天井に貼ったり、電球のスイッチの横に貼ったり、いろいろな工夫をしました。

目標を忘れないように、何度も確認できるようにするための工夫です。

選手にこれを伝えると、いろいろな工夫を教えてくれました。

・目標を、トイレに貼る。
・目標を書いた紙を、ラミネートして下敷きにする。
・パソコンのデスクトップに、目標に関する画像を設定する。
・携帯の待ち受け画面に設定する。
・ポストカードに目標を書いて、手帳に挟む。
・日誌の表紙に目標を書く。
・専用ロッカーの中に目標を貼る。

このように、目につきやすい場所に設置するとよいです。

目標を忘れないように、何度も目標を確認ができるように、あなたの生活の中で工夫してみてください。

思いを枯らさず、夢を腐らせず、逆に「育てる」のです！

日誌を使った工夫

①日誌の表紙に、目標を書く。
②目標を毎日、日誌に書き出す。
③その目標を達成するための、一日の目標を書く。

思いや夢を育てる工夫

自分の手に入れたい目標を「忘れず」、「育てる」ことに打ってつけなのが「日誌」です。

トップアスリートの多くが日誌を活用しています。

サッカーの本田選手、中村選手、ボクシングの井岡選手、村田選手、水泳のマイケル・フェルプス選手等、名前をあげればキリがありません。

ビジネスの世界でも日誌、または、手帳や日報を使って結果を出しています。

彼らは、日誌を使って、目標を忘れず、育てに育てているのです。目標への高い意識を持ち続けているのです。

あなたの大切な思いや夢を、育てていきましょう。大輪の花が咲くでしょう。

32 「約束」の力を使う

強制力を味方にする

目標達成のサポートをしていると、多くの人が、どこでつまずくのか、よくわかります。

「続けること」に、苦戦しているようです。

いただく質問でもっとも多いのが、「やる気の維持」です。

「やる気が維持できない」「続かない」、表現はいくつかありますが、同じです。「行動が継続できない」ということに多くの人が悩んでいます。

私は、「強制力」を味方につけることをおすすめしています。

実は、今、私自身もその強制力を使っています。

本書の原稿の締切りという強制力です。

締切日がなければ、私の行動のスピードは正直、落ちてしまいます。しかし、締切りがあることで、「この日までにここまで進めたい」「この日までにここまでやろう」、と頑張れるのです。

私は、目標の達成を、何より優先します。そのとき、「強制力」が大きな力になります。

より大きな成果が出せるように、自分の力だけでなく、外部の力をうまく使って、目標達成を目指すとよいです。

目標を宣言する

あなたは、「自分との約束」と「他者との約束」ならば、どちらがよく守れるでしょうか。

私は、どちらかと言うと、他者との約束が守れるタイプです。

きっと私と同じタイプの人が、多いのではないでしょうか。

ここで言いたいのは、どちらが良い、悪いではなく、こういうことです。「約束の力」を、目標達成に生かすと効果的ですよ、ということです。

大きな成果を出す人は、自分との約束を守る力に長けています。決めたことをやる力が半端ないのです。意志が強いのです。

この意志の力は、大きな成果をだす上で必要不可欠なものです。

中には、私のように、自分との約束を守る意志の力よりも、他者との約束を守る意志の力が強い人がいます。

そのような人は、「この人との約束は絶対に破りたくない！」という人や、家族や友人、大切な人と約束するとよいでしょう。周りに、目標を伝えるのです。宣言するのです。

私たち日本人は、幼いときから、「指きりげんまん」をして育ってきました。他者との約束を守りやすい性質をあなたは持っているのです。

33　モデルとアドバイザーを持つ

あなたの目標達成を加速させる

大きな成果を出す人は、周りの力を「借りて」います。対して、大きな成果を出せない人は、すべて自分でやろう、一人でやろう、とします。

より大きな成果を、短期間で出したければ、周りの力を借りるとよいです。

あなたに、「モデル」と「アドバイザー」を持つことを、おすすめします。

モデルとは、あなたが見本とする人です。あなたが追いつきたいと思える人で、真似をしたい人です。真似は、最短の成功法です。

アドバイザーとは、専門家です。専門的な助言をくれる人です。

このモデルとアドバイザーが、あなたの目標達成を加速させます。

「チーム自分」

モデルは、少数をおすすめします。たくさんいると、迷ってしまうからです。全員がリーダーのヤマタノオロチです。８つの顔があると、進みたい方向への力が分散してしまうのです。

アドバイザーは、たくさんいるとよいです。同じジャンルに、複数のアドバイザーではありません。目標達成の要素を細かくして、それぞれ専門家の知恵を借りるのです。

モデルやアドバイザーは、定期的にフィードバックやアドバイスをくれる人がベストです。実際に会えなくても、本や歴史上の人物をアドバイザーに招き入れてもよいです。私なら、「チーム川阪」です。「チーム自分」をつくってください。あなたの頭の中のチームに、勝手に加えるのです。

教えられ上手になる

当たり前ですが、指導者やリーダーは、教え方が大事です。それよりも、私たちにとって大切なのが、教えをうけるときの「学び方」です。これを訓練しておくとよいです。

「教えられ上手」になるのです。

そのポイントは、目的地と現在地を伝えることです。

「どうやったら脚が速くなりますか」、これは、非常にモデルやアドバイザーとして答えにくい質問です。質問の仕方がわるいのです。

具体的に質問するのです。あなたの目的地＝目標や思い、現在地＝今の現状やレベルを伝え、質問するのです。

今回の質問なら、あなたの目標タイムと今のタイムを伝えます。それから具体的な質問します。

また、あなたが走っている映像などがあれば、効果的な回答がいただけます。

あなた自身の学び方や質問次第で、あなたの目標達成が加速するのです。

34　仲間と高め合う

仲間がいるから成し遂げられる

目標に向かって、その道のりを一緒に歩める仲間は、あなたにとって大きな力です。

桃太郎の話です。桃太郎は、鬼退治という目標を達成しました。いぬやさる、キジという仲間がいたからこそ、その目標を成し遂げることができました。

桃太郎の「きびだんご」だけが、魅力的だったのでしょうか。

きっとそうではないと思います。きびだんごは食べたらなくなります。

「わるいことをした鬼を退治したい」「困っている村人のために」、そのような桃太郎の志、使命感に、共感したのだと思います。

いぬとさるは、よく「犬猿の仲」といわれます。相性が良くないのです。

相性が良くないにも関わらず、同じチームになりました。

そこには、桃太郎のリーダーシップがあったのかもしれません。

桃太郎の「こうしたい！」という未来のイメージをチームで共有することで、結束力が生まれたのでしょう。桃太郎をテーマにした想像は、ふくらむばかりです。

このような誰にでもわかるストーリーと解説は、学生に人気です。

ここで伝えたいのは、桃太郎のあり方です。

仲間とともに目標を目指したければ、「あなたはあなたの目標を仲間に伝える」必要があります。

また、あなたは仲間の目標を知っている必要があります。

目標を「共有」する必要があるのです。

そして、桃太郎のようにあなたがリーダーならば、リーダーシップを発揮し、チームを同じ方向に向かわせる「理想的な未来」や「理由」を語る必要があります。

応援してもらうには

たまに、「仲間がいない」という人がいます。

安心してください。応援してもらう方法があります。

それは、まず、あなたが「応援する人」になるのです。あなたから、誰かを全力で助けるのです。

モデルやアドバイザーに対してもそうです。まず、「与える」のです。

応援をしてもらったら、「ありがとうございます」とちゃんと感謝の気持ちを伝えるのです。当たり前です。この当たり前ができていない人が多いように感じます。

応援してもらいたかったら、応援してもらえる人間になるのです。

すると、必ず、応援してくれる人があなたの前に現れます。

書いてみよう

1. モデルについて

目標達成に向けて、あなたは誰を見本にしますか？

例） ・イシンバエワ選手
・
・

2. アドバイザーについて

目標達成に向けて、絶対に応援してもらえるとしたら、誰にどのようなサポートをお願いしますか？

○○さん→○○

例） ・吉谷さん→栄養とサプリメント指導
・母→バランスの良い食事
・
・

3. 仲間について

目標達成に向けて、あなたは誰と一緒に挑戦しますか？

○○な仲間→○○さん

例） ・競い合う仲間→上田くん・吉田さん
・気持ちを高め合う仲間→藤原さん・山崎さん・高橋さん
・
・

35　せざるを得ない状況や環境が、味方になる

行動力、継続力を高める方法

最終的にあなたの思いをかたちにするには「行動」が必要です。

目標達成まで「行動を続けること」が必要です。

あなたの「やる気だけ」に頼らない仕組みがあるとよいでしょう。行動する仕組みです。思わず継続してしまう仕組みです。

小学生のとき、なぜ、朝早くに起きて、学校に登校したのでしょうか。なぜ、１限目の国語の授業、２限目の算数の授業を受けたのでしょうか。

それは、授業があったからです。時間割が決まっていたからです。

あるビジネスマンは、仕事帰りにフィットネスクラブへ行きます。あえて、個人的なトレーナーを雇って、行かざるを得ない状況をつくっています。

ある人は、英語が話せるようになることを目標にしています。月謝を支払い、英会話教室に通って、勉強せざるを得ない状況をつくっています。

つまり、こういうことです。「～せざるを得ない状況」をつくることで、あなたの行動力、継続

力を高めることができるということです。

指導者やリーダーがつくる環境

せざるを得ない状況の一つに、「ムード・雰囲気」があります。

私たちは、周りのムードや雰囲気に大きく影響を受けます。

指導者やリーダーには、とくに、このムードや雰囲気をつくる力が必要です。

このチームの中にいたら「目標が達成できる！」「日本一になれる！」そう思えるようなムード、雰囲気をつくっていくのです。

子どもたちや部下、社員、または仲間が、全力で頑張れる環境をつくってあげるのです。

人は、環境に影響を受けやすい生き物です。その環境の最たるものが、指導者（あなた）の影響です。

道具ではありません、施設ではありません、お金ではありません。あなたの本気が、一番の環境です。

みんなが本気で頑張れる、そのようなムード・雰囲気をつくってあげてください。

「～せざるを得ない状況や環境」をつくる

第2章では、ひたすらあなたの思いを高めることにスポットライトを当てました。4章では、その思いを「確実に」かたちにするために、あなたのやる気だけに頼らない目標達成法を紹介してきました。

・やる気が落ちる前に行動してしまう。
・目標を忘れないように、常に確認できるようにする。
・大切な人と約束をする。
・モデルとアドバイザー、仲間を持つ。（ライバルも効果的）

いずれも現実的で実践的な方法です。

これらを仕組みにしてしまいましょう。

～せざるを得ない状況や環境にそれらを含むのです。

強制力を味方にするのです。外からの圧は、プレッシャーではありません。あなたの思いを「確実に」かたちにするための武器です。

スキーがうまくなるには、どれだけ雪の上にいるかが大切です。泳げるようになるためには、教科書を読むだけでは難しいです。実際に、水の中に入ってみないことには、始まりません。

行動や継続なくして、目標達成は、「絶対に不可能」なのです。

「あなたの思いをかたちにできる状況や環境」を、あなた自身がセッティングするのです。

敵は、自分の弱い心です。常に自分に勝てる仕組みをセッティングしておくのです。

思いはかないます！

第4章で学んだアクションプラン

- □ やる気が落ちる前に行動する
- □ 常に目標を確認できるようにする
- □ 他者と約束する
- □ モデルを持つ
- □ アドバイザーを持つ
- □ ともに目標達成に向かう仲間を持つ
- □ ○○せざるを得ない状況や環境をつくる

第5章　成果が出せる自分になる

36　あなたが勝てる場所を見つける

あなたがかめのコーチならば

かめとうさぎが競争をしました。かめが勝って、うさぎが負けました。

私たちは、このお話から「決して油断してはいけないよ」「コツコツ努力すれば報われるよ」、そんな教訓を学びました。

「油断してはいけないよ」は、うさぎ目線の教訓です。

「努力は報われるよ」は、かめ目線の教訓です。

あなたに考えてほしいことがあります。ふたたび、うさぎとかめがレースをするとします。うさぎは、もう油断はしません。全力で向かってきます。断然、うさぎが有利でしょう。

あなたが「かめのコーチ」ならば、どのようにサポート（コーチング）しますか?

学生たちにこのような問いを投げかけると、「甲羅を転がす」「近道を探す」「罠をしかける」など、創造的なアイデアがたくさん出てきます。

私は、こう考えます。

かめの「得意なもの」で勝負をする。つまり、水中戦に持ち込むということです。同じ土俵で戦うのではなく、自分の勝てる場所、得意なレースで勝負するのです。

こうすれば、かめは勝てます。これに、持ち前の努力が合わされば、かめはトップアスリートにさえなれるでしょう。

もっとも得意なところで勝負する

人には、それぞれ長所があれば、短所があります。自分の中で、もっとも力が発揮できる場所があるのです。

そこに気づくのです。そこで戦うのです。

友人の山田壮太郎選手は、砲丸投の日本記録保持者です。高校時代まで、砲丸投とやり投げの二刀流でした。跳躍種目に挑戦したこともありました。大学に入って、砲丸投にしぼりました。より自分の強みが発揮できる種目にしぼったのです。自分の強み・長所をしっかり把握しているからこそできた日本新記録という偉業です。

清瀬静佳選手は、走幅跳を専門種目にしていました。全国大会とは無縁の選手でした。大学２回生から、三段跳に転向しました。競技転向後わずか1年で、初めて出場した全国大会で日本一になりました。まさに、成功するかめパターンです。清瀬選手の強みと努力が合わさった結果です。

あなたがテレビで見る、トップアスリートもそうです。「その種目の」トップなのです。イチロー選手は、フィギュアスケートで世界一になれたでしょうか。ホームランバッターを目指したならば、大リーグでホームラン王になれたでしょうか。きっと難しかったのではないでしょうか。

イチロー選手は、自己分析の天才です。自分がどうすれば大きなパフォーマンスが発揮できるのか、どうやれば結果が残せるのか、自分で自分のことをよく知っています。

これを突き詰めていくうちに、今のスタイルになったのだと思います。

経営の神様といわれるピーター・ドラッカーは、次のように述べています。

「何事かを成し遂げられるのは、強みによってである。弱みによって何かを行うことはできない。」

「自分自身について知り得ることのうち、この強みこそ最も重要である。」

強みや長所に気づく方法

最初は自由に、自分の長所や強み、得意だと思うことをひたすら書き出してください。ペンが止まったら、周りの人に聞きましょう。「私の強みを教えてください」と。

次に、より細かく分析する方法です。

これまでの人生の大きな成果「トップ5」を書き出してください。「なんでそれを達成することができたのか」、それを考えてみましょう。

次です。目標を紙に書き残していると、「できること」もあれば「できないこと」があるのがわかります。この「できること」に、あなたの強みがあります。

あなたは、あなたが勝てるもので勝負をするのです。

37　何を減らして、何に集中すべきか

優先順位の高いものから

たくさん目標を持つことはよいことです。

たくさん課題を持つこともよいことです。課題は、伸びしろです。

5個、10個、30個、１００個……すばらしいと思います。

でも、現実的にはすべてを同時に達成することや解決することは、非常に難しいことだと、私は思います。

1日の時間は限られています。本田圭佑選手も、浅田真央選手も、みんな1日は24時間です。

「24時間しかない」ともいえます。

この限られた時間内に、どんなにたくさんの練習や仕事をしても、限度があります。限界があるのです。

オーバーワーク、怪我、そして力の分散から成果も出ません。

そこで、優先順位が大切になってきます。30個ある目標は、すべて横並びではありません。重要度や達成したい優劣（順位）があるでしょう。

「何を一番達成したいのか?」「何が自分にとって一番大事なのか?」、順番を決めるのです。もっとも優先順位の高いことを明確にするのです。

目標で一番大切なこと、その目標を達成するための行動で一番重要なこと、これを明確にするのです。やることを減らして、大切なことに集中する。大切なことから手をつける。これが大事です。

限られた時間の中で、大きな成果を出すにはこれしかありません。

集中すべきところを明確にする

何を減らして、何に集中するのか、これは本質が見極められないと、できないことです。

本質を見極めることは、そう簡単ではありません。本質は、見えにくいものだからです。

「何を減らし、何に集中するか」あなたが身につける必要のある技術です。

いくつかその技術を高める方法を紹介します。

まず、もっとも簡単な方法です。モデルやアドバイザーから教えを受けることです。あなたがこれから何十年もかけて積み上げていく経験値を、わずか短期間で学ぶことができます。

これには、あなたの「素直性」が大切になります。素直な人は、吸収するスピードが早いです。また、素直な人は、教えてもらいやすいのです。

次に、「ダイヤモンドの鑑別の話」です。

コツは、本物だけを見続けることでした。本物だけを見ていると、どれが本質かわかってきます。

何を捨てて、何を大切にするのか、次第に見えてきます。

しぼる勇気

ボーリングでは、どれだけ腕があっても真ん中のピンだけを倒すことはできません。センターピンにボールが当たると、必ず後ろのピンがいくつか倒れます。うまくいけば、ストライクです。シャンパンタワーでは、一番上のグラスにだけシャンパンを注ぎます。下へ下へとシャンパンは流れ、いずれすべてのグラスが満たされます。

こういうことです。

何かを捨てること、何かにしぼることは、勇気のいることです。しかし、結果的に、ボーリングのセンターピンのように、シャンパンタワーの一番上のグラスのように、何かにしぼることで、うまくいくのです。

そのような「ボス」を見つけることです。

これが、「本質を見極める」ということなのです。

あなたは、捨てること、しぼることで損をするのではなく、大きく得をすることになるのです。

あなたのエネルギーを「集中すべきところ」を明確にしましょう。

そして、目標達成のために、本当に大切なことを先送りしないで、取り組むのです。エネルギーを注いで注いで注ぎまくるのです。

38　基礎基本を大事にする

あなたの競技や仕事の「基礎基本」は？

あなたの競技や仕事の「基礎基本」を大切にしてください。

多くの場合、「本質」はそこにあることがほとんどです。

基礎とは、「土台」です。

基本とは、「柱」です。

家をイメージしてください。

家を建てるとき、土台になる部分を、基礎といいます。そして、基礎が十分にできれば、その上に柱を立てます。しっかりした基礎と基本の上に、「立派な家」が建つのです。

あなたの仕事や競技の「基礎」、つまり土台となるような毎日行う取り組みは、何ですか。

あなたの仕事や競技の「基本」、柱となるような重要な取り組みは、何ですか。

これが明確に答えられると、よいです。

その物事の本質をわかっている「証《あかし》」です。

だから、ブレークスルーが起こせるのです。

大輪の花を咲かせるために

私の地元の話です。

「あべのハルカス」という日本一高いビルがあります。高さ300mです。

普通の二階建ての家の基礎は、およそ地下70～75㎝ぐらいだといわれています。あべのハルカスの基礎は、なんと70mもあるのだそうです。地下70mまで掘って、土台をつくっているのです。

大きく大きく上に積み上げようと思ったら、まず下へ下へと、基礎（土台）をつくり込まないといけないということです。

草木の成長過程と同じです。種を植えます。そして、目に見える変化の「芽が出る」「茎が伸びる」「花が咲く」、これらの前に、下へ下へと根を張る段階が欠かせないのです。

この地道な作業が、実を結ぶのです。どれだけ目に見えない部分を大事にしているかです。

そして、茎や幹、柱となるものがしっかりしているから倒れないのです。強いのです。

スポーツもビジネスも同じです。

華やかさはない基礎基本が、どれだけ大事にできているかです。

トップアスリートや、日本一の選手を何度も育成している指導者は、基礎基本を「これでもか」というぐらい大事にしています。その上に、目に見える大きな成果が築かれているのです。

基礎基本が命《いのち》なのです。

39　シンプルがベスト

詰め込んで、コロコロ変えることはＮＧ

愚直、真面目というイメージを持たれる私ですが、成果につながらない努力は好みません。

かつて、私はこんな指導をしていました。今思えば、とても頼りない指導です。

世の中で成果を出している人たちの、練習メニューを研究しました。本や雑誌、ＤＶＤ、そして、感銘を受けた選手や指導者には実際に会って、それを学びました。

私は、数々の素晴らしい練習メニューを「これでもか！」というぐらいに詰め込み、選手に与えていたのです。また、新しいものを学ぶために、コロコロと練習メニューを変えていました。

成果は出なかったです。

選手は、迷います。怪我をします。修得度は、低いままです。これでは成果が出ません。これが、かつての私の過ちです。

シンプルに反復する

世の中で突出した成果を出している選手や指導者、そして経営者、営業マン、彼らに共通することがあります。

とても「シンプル」なのです。

行動がシンプル、複雑ではないのです。過去の私のようにごちゃごちゃしていません。詰め込んでいません。きれいに交通整理されたように、スカッとしています。

彼らは、すべきことをシンプルにし、同じことをひたすらくり返しているのです。

映画で、中国何千年のある道を極めた師匠は、教えや考えがシンプルです。難しいことはいいません。これが、「達人の域」なのです。

難しいことを言う指導者は、まだ一流とはいえません。

極めれば極めるほど、ムダは削ぎ落とされ、本質的になり、その教えはシンプルになっていきます。

一見、素人が見ると、すごくないように錯覚してしまうほどです。

それほど、洗練されているのです。

芸術家のレオナルド・ダ・ヴィンチは言います。「単純であることは、究極の洗練である」

プレゼンテーションの天才といわれた apple のスティーブ・ジョブズの、スライドやスピーチ内容は、とてもシンプルです。その分野の素人である私にも簡単にわかります。

そういうものです。

やることがいくつもあるうちは、迷います。混乱します。続かなくなるのです。

シンプルにして、反復するのです。反復連打です。

40　元気補充リストとは

ふたたび元気になって頑張れるか

人には、「感情」があります。

なので、どうしても落ち込むときがあります。

私も落ち込むときがあります。

誰にでもうまくいかないことや、落ち込むことはあるのです。

しかし、大きな成果を出す人は、失敗しても、落ち込んでも、あきらめることなく、ふたたび元気になって、頑張ります。

彼らは、「自分はどのようなことで元気になるのか?」、よく知っています。どのようなものや、どのような考えに触れると元気になるのか、自分で自分をコントロールしているのです。

心の元気補充リスト

体の元気は、たくさん食べて、しっかり栄養をとると、満たされます。

それでも、元気がないときはありませんか。

そのときは、心の元気がないときです。

何が自分の元気や、やる気を高めるのか、知っておくとよいです。元気を定期的に補給していくのです。

たとえば、私の親友である橋口先生は、「心の元気補充リスト」を持っています。

こんなリストです。

・日誌で、今の自分の心を整理する（ストレスケア）。
・サウナ、温泉に浸かって、おもいっきり汗をかく。
・原田隆史先生、渡邉美樹さんの本を読んで元気を貰う。
・講演会やセミナーに参加して、元気をお裾分けしてもらう。
・トレーニングジムで、ウエイトトレーニングをおもいっきりする。

元気がないときは、このリスト内のどれかをやって、マイナスをリセットして、プラスへと、心の元気を持って行っているのです。

「いつか元気になるだろう」では、時間切れになります。

時間は有限です。試合や仕事の締め切りは待ってくれません。また、情報化社会＝スピードが問われる社会です。

あっという間に心の元気を補充するリストが、あなたにあると、それは心強いものです。

心も体も元気を補充する

心と体は、密接に関係しています。

ビジネスの世界で、大きな成果を出している人に、共通していることがあります。彼らは、「体」を大切にしています。「体」を鍛えています。「体」に対してのお金や時間の投資を、惜しみません。

体は、頑張るための土台となるものだからです。

学校の先生として働く、橋口先生の「体の元気補充リスト」です。

・旬なものやその土地でできたものを食べる。
・寝る前の3時間は、お腹に食べ物を入れない。
・快眠できる環境を整え、熟睡する。
・良い水を飲む。
・健康補助食品（サプリメント）をとる。

私は、これから年齢を重ね、医療費に大きなお金を費やすことになるのなら、より健康でアクティブに生きるために、トレーニングや健康に関する習慣をつくることをおすすめします。

アスリートなら、怪我をしないため、コンディションを高めるための「体の元気補充リスト」が必須です。

心が元気になれば、体が元気になります。また、体が元気になれば、心が元気になります。

どちらも元気であれば、より目標達成に向けて、力強く突っ走ることができるのです。

心と体の元気補充リストを作成してみましょう。

41　習慣＝最強

成功は「習慣」から生まれる

重要なポイントです。

多くの人は、成功はある日突然、奇跡のように手に入るものだと思っています。

そうではありません。成功とは、突然、目の前に現れるものではありません。

毎日の積み重ねでもたらされるものです。

得たい成果を明確にする。そして、それに直結する行動を決める。シンプルに反復する。つまり、継続＝「習慣」から成功は生まれるのです。

習慣とは、毎日もしくは毎週、または定期的に、あたり前のように「くり返す行動」です。

究極は、無意識の行動になります。

たとえば、私は毎日、日誌を書きます。

その日の夜に、「今日はこんな1日だった」「明日はこうしよう」と、ペンを走らせます。紙の上で考えます。ノートを開けば、無意識のうちに、これらのことを考えています。

自動的に、ノートを前に考え始めているのです。

何も考えずに、その状態になっていることを、無意識といいます。これが、習慣化の究極です。目指すところです。

成果につながる習慣を身につける

ウサイン・ボルト選手が、１００ｍを走っているとき、腕はこう振って、脚はこう上げて、このようにフィニッシュする、と瞬間瞬間に、考えながら走っているでしょうか。

考えていないでしょう。考えている状態は、まだ遅いのです。

仮に、あなたが道でつまずいたとします。「腕を出そう」と思う前に、腕が出ているでしょう。これが無意識の力です。意識よりも早いのです。強いのです。

アスリートは、この自動化を目指さなければいけません。

競技中にいくつも意識することは不可能です。練習で意識して、意識して、意識して、その技術をものにするのです。自動化することが大事です。

ビジネスも同じです。人間はみんな習慣の生き物です。

目標達成にマイナスな習慣もあれば、成果に直結するプラスの習慣があります。

あなたの目標達成に必要な習慣は、どのような習慣でしょうか。

あなたの習慣が、未来をつくります。

毎日の積み重ねが、人生の結果を決めるのです。

42　余分に頑張る

自分にできることを例外なく続ける

大きな成果を出す人は、「自分との約束を守る力」が強いです。

彼らは、マイルールのようなものを持っています。しかも、マイルールが、成果につながるルールになっています。そのマイルールを自分で管理しています。

自分が決めたことを守ると、どんな良いことがあるのでしょうか。

それは、「心が強くなる」ということです。

私は、昔、心は何か大きなことを成し遂げたときに強くなるものだと思っていました。または、できなかったことができるようになったときです。

仮に、そうだった場合、何か大きなことができなければ、一生、心は強くならないことになります。困ったものです。

恩師は、教えてくれました。

自分にできることを例外なく続けると、「心は強くなる」というのです。

これは、確実に強くなります。自信でいっぱいになります。

たとえば、私は、毎晩、日誌を書いています。

これは、やろうと思えば、誰でも1日はできることです。そのできることを、毎日続けるのです。

大事なポイントは「例外なく」というところです。

「今日は疲れたからやめておこう」ではなく、そのような自分に勝って、例外なく、毎日やるのです。

自分で決めたことをやり続けるのです。

すると、これは強烈な自信になります。

ここ一番、大事な場面で、「あれだけやったのだから」と、自分を肯定できるのです。

しかも、成果に直結するシンプルな行動をマイルールにしておけば、成果につながるし、心も強くなるのです。一石二鳥です。

大差をつくるマイルール

おすすめのマイルールがあります。「余分に頑張る」という習慣です。

スクワット10回でなく、11回。営業100件でなく、101件。余分に頑張るのです。

この微差が、将来的には、大きな大きな差をつくります。大差になるのです。

しかも、成果に直結するシンプルな行動を余分に頑張れば、成果につながるし、心も強くなるし、大差をつけることができます。一石二鳥どころではありません。三鳥にも、四鳥にもなるのです。

自分が決めたことをやりきるのです！

書いてみよう

あなたの目標達成に、とくに重要な要素を書き出し、
あなたのマイルールを作成してみよう。

例）●スピード
・坂くだり走を、週2回行う。
・ウエイトトレーニングのクリーンとスクワットを、週2回行う。
・体幹トレーニングを、毎日練習前後に行う。

●
・
・
・

●
・
・
・

●
・
・
・

43 小さな成功を積み重ねる

決めた目標を小さく細分化する

自信を高める方法で、もっともよいのが、「小さな成功を積み重ねること」です。

「小さな」です。小さくて、よいのです。

小さな成功を積み重ねていくことが、大きな成功につながります。

すぐに挫折してしまう人に多いのが、はじめから大きな成功だけを目指してしまうことです。

ここに原因があります。決めた目標を、小さく小さく細分化するのです。

それを一つひとつ達成していくのです。すると、成功が加速していく感覚になります。

小さな成功を積み重ねていくと、後半にかけて、一気に成果が出ます。

それは、一つひとつ小さな成功を積み重ねているうちに、自信や実力がついてくるからです。目標達成の技術がどんどん洗練されてくるからです。

この加速した勢いにのって、一気に達成していくとよいです。

勢いは、すごいです。勢いが相手にあったらどうでしょうか。手強いです。

あなたは、小さな成功を積み重ねて、「勢い」をつくるとよいです。

小さな目標づくりの大きな効果

目の前に、短期的で小さな目標があると、やる気の維持にも効果的です。

また、大きな目標だけを目指していると、達成か不達成かは、その期日にならないとわかりません。達成率が低くなるのです。

それが、小さな目標ごとに加速していくだけでなく、「通過点として確認すること」で、大きな目標の達成確率は、格段に高まります。

仮に、小さな目標の時点で達成ができなかった場合、または、目標値に足りなかった場合、ここで軌道修正ができます。

ポイントは、目標を軌道修正するというより、「行動の軌道修正」です。

計画していた行動やプランを修正するのです。

しかも、あなたが試行錯誤、通ってきたそれらの道を紙に書き残しておくと、それが財産になります。再現性のある成功のレシピとして、のちの人に伝えてあげることができます。これらが、「目標達成は技術」と言えるゆえんでもあります。

ここで、整理しておきます。たくさん目標があったら、優先順位をつけます。エネルギーを集中するターゲットをしぼりこみます。そのしぼった目標に対して、小目標をいくつも準備するのです。

一つひとつ手前のものから、確実に、目標達成への階段を登っていくとよいでしょう。どんどん成功が、加速していきますよ。

44　1日20分、自分との時間をつくる

自分と対話する時間をつくろう

1日20分、自分との時間をつくることをおすすめします。

大きな成果を出す人は、考えています。どのようにすれば成果が出るのか、いつも考えています。対して、そうでない人は、あまり考えていません。

その差は、質問をすると、一目瞭然です。成果を出す人の話は、具体的です。実践的なのです。

メンタルトレーニングは、目に見えないものをいかに目に見えるものにして、高めるかがポイントです。

頭の中で考えないことです。紙の上で、考えるとよいです。

私の一番のおすすめは、日誌です。

日誌は、簡単に言うと、「今日はこんな1日だった」「明日はこんな1日にしよう」、という振り返りと、明日への準備です。

その時間を、1日20分つくるのです。

1日20分、自分と対話する時間をつくりましょう。

目標達成の相棒

日誌は、目標達成のツールです。

ドラえもんの秘密道具に、「目標達成のための道具」が仮にあるならば、それは日誌だと思います。

それぐらい効果的なツールです。

日誌は、基本的には未来のために書きます。未来の成果をつくるためです。

私は、夜、日誌を書きます。目標を達成するために、「明日はこんな1日にするぞ」とイメージするのです。

紙の上で、イメージをふくらませていきます。イメージトレーニングです。文字を書く＝イメージトレーニングです。

「明日はこんな1日にするぞ」というイメージトレーニングのコツは、二つです。

一つは、翌日にむけて、１日の中でもっともエネルギーを集中する時間帯（行事やイベント）を決めることです。１日の山場をつくります。その山場で、結果を出すために、細かな時間の使い方を考えます。これがタイムマネジメントです。

もう一つは、１日を振り返ることです。「明日はこんな1日にするぞ」というイメージトレーニングをより効果的なものにするために、その日1日を振り返ります（次項でくわしく説明します）。

日誌を書くと、大きな成果につながることはもちろん、自分と対話する時間を持つことで、心を落ち着かせることができます。また、書き方によっては、自信が高まり、自分をコントロールする能力まで高まってしまうのです。

45　すべては「気づき」から

成果の出せる自分へコントロールする

1日を振り返る習慣を持っていると、自分をコントロールする能力が高まっていきます。「成果の出せる自分」へとコントロールできるようになるのです。

イチロー選手は、毎日、同じ時刻に起床するそうです。朝昼兼用で、毎日同じ食事を口にし、同じ時間に球場に入り、同じ準備（ウォーミングアップ）をして試合に備えます。そして、同じ動作をしてバッターボックスに入り、ヒットを打っています。

イチロー選手は、どのようにすれば良いパフォーマンスを発揮できるかを追求した結果、今のスタイルができたとコメントを残しています。

成果を出せる自分をつくったのです。

良いものを残して、必要でないものをやめた結果が、現在のイチロー選手の姿なのです。

自分の〇と×に気づく

自分をコントロールできる人は、自分自身をよく知っている人です。

「自分はこうすると結果が出せる、調子が良い」という自分の○パターンを知っています。逆に、「自分はこうすると結果が出ない、ダメだ」という自分の×パターンも知っています。

自分の○パターンを取り入れて、×パターンをやめると、自分の成功パターンが築けます。

あなたがこれから、自分の成功パターンを築こうと思えば、まず自分に「気づく」ことから始めるとよいです。

自分の「成功のコツ」と「失敗のコツ」に気づくことで、はじめて、自分をうまくコントロールすることができます。

すべては「気づき」からです。

イチロー選手の成功のコツと、あなたの成功のコツは違うものです。あなた自身の成功のコツに気づくことが大切です。

では、どのようにすれば、自分に気づくことができるのか。

その答えが、振り返りです。過去にヒントを求めるのです。

何か大きな成果が出たとき、「なぜ大きな成果を出すことができたのか」、振り返るのです。うまくいかなかったときも同じです。「なぜうまくいかなかったのか」、振り返るのです。

成功からは成功のコツが学べ、失敗からは失敗のコツが学べます。行動のさきには、学びしかないのです。

失敗したら、「こうしたらダメなんだ」とコツが学べているのです。

自分が自分のコーチ

毎日、日誌を書いていると、自分に気づくことができます。

自分の長所や強み、その競技や仕事の本質、目標達成に向けてすべきこと、目標達成のヒントまで、いろいろなことに気づけます。

気づきたいことを得るために、日誌を書いていくのです。

「そう言えば、毎週週末になると調子が悪いな」、そう気づくだけでも、週末への向き合い方が変わり、結果はずいぶん変わってきます。

成功のコツや失敗のコツは、あなたが行動しなければ気づくことはできないものです。

成果の出せる自分になるために、たくさん自分に気づきたいですよね。

そのためにも、たくさん行動して、たくさん文字にしていくとよいです。

「圧倒的な量から、質が生まれる」ということを覚えておいてください。

量をこなすと、質、精度が高まるのです。

「どのようにすれば、今より成果が出るか」「どのようにすれば、目標が達成できるか」、脳にたくさん汗をかいてください。

自分で自分をコーチしていることになります。コーチングです。

あなたが、あなたを成果の出せる自分へと成長させていくのです。

書いてみよう

日誌にチャレンジしよう！

《はじめは・・・》

・練習メニュー（仕事内容）
・今日の良かったこと
・今日の改善点

《慣れてきたら・・・》

前日に記入する

・当日の予定、計画
・重要な練習メニュー（仕事）の設定

当日に記入する

・練習メニュー（仕事内容）
・今日の良かったこと
・今日の改善点
・今日の自分のベスト3

第5章で学んだアクションプラン

- □ 強みや長所を見つけて、磨く
- □ 最も重要なことにエネルギーを集中する
- □ 基礎・基本を大切にする
- □ シンプルに反復する
- □ 心と体の元気補充リストをつくる
- □ 成果につながる習慣を持つ
- □ 余分に頑張る
- □ 小さな成功を積み重ねる
- □ 1日20分、自分との時間をつくる
- □ 毎日、日誌を書く

第6章　最高のパフォーマンスを発揮する

46　行動を変えずに、成果を変える方法

同じ行動でも成果が変わる

今からあなたに、ある二つのシーンをイメージしてもらいます。

まず、Ａパターンです。

あなたが、近所をランニングします。天気予報は、晴れマークがついていたのに、途中、雨が降ってきました。全身がびしょぬれです。あなたはどんな気持ちになりますか。

ランニングの途中です。いぬの糞を踏んでしまいました。しかも両足にです。あなたは、どんな気持ちになりますか。

家に帰ると、こう言われます。「明日の朝に食べる食パンがなくなったから、買ってきて！」

あなたはどんな気持ちで、食パンを買いに行くでしょうか。

これが一つ目のパターンです。次に、Ｂパターンです。

同じように、あなたは、近所をランニングします。天気予報は、晴れマークのとおり晴天です。

ランニングにうってつけの気候です。あなたはどんな気持ちになりますか。

ランニングの途中です。大好きな芸能人が、撮影会をしているではないですか。「ランニング頑張っ

てください」と、声までかけてくれました。あなたは、どんな気持ちになりますか。

家に帰ると、こう言われます。「明日の朝に食べる食パンがなくなったから、買ってきて！」

あなたはどんな気持ちで、食パンを買いに行くでしょうか。

「食パンを買いに行く」という同じ行動でも、Aパターンは、気分も足も重く、乗り気にはなれないでしょう。対するBパターンは、気分が良いので「まぁ行ってもいいか」と、悪い感じではないのではないでしょうか。

このように同じ行動でも、あなたの気持ちや感情、状態によって、その行動そのものの内容や質が変わる、ということを知っておく必要があります。

行動を変えずに成果が変わる方法とは、こういうことなのです。

最高のパフォーマンスが発揮できる心理状態をつくる

こんな体験をしたアスリートがいます。「ボールが止まって見えた」「相手の動きがスローモーションに見えた」「気がついたら、試合で勝っていた」。

ビジネスの世界でも「あっという間に、今日の仕事が終わった」「話しかけられていたのに、集中していて、まったく気づかなかった」「目が覚めたら、原稿が書けていた」、そのような本当の話があります。

このような最高のパフォーマンスが発揮できる「理想的な心理状態」を、メンタルトレーニングでは、「ゾーン」といいます。

火事場の馬鹿力が発揮できる状態、といえばイメージしやすいかもしれません。

あなたが上のレベルにあがっていけばいくほど、周りとの力の差はなくなっていきます。

日本一を決める大会の決勝レベルになると、技や体は、「トントン」の状態が多いです。

つまり、その差はわずかなものであり、「いかに本番で自分の力が発揮できるのか」という心の勝負になってくるのです。

あなたやあなたの周りに、実力はあるけれど、大事な場面で力が発揮できず、悔しい思いをしている人はいませんか。

最大の敵

あなたの力を発揮する最大の敵は、緊張や不安、迷い、自信のなさです。

競う相手やライバルでなく、あなたの中に敵が現れるのです。敵は、「自分」なのです。

目標を達成したから不安がなくなるのではなく、不安がない心の状態だから、目標が達成できるのです。

まず、心です。目標達成できる心の状態をつくるのです。

あなたの心は、敵にも味方にもなります。

心を味方に、大きな成果を出しませんか。

この章では、あなたが成果を出せる「心のつくり方」をお伝えします。

47　どうやったら楽しめるのか

「楽しむこと」が最高のメンタルトレーニング

「楽しい時間ほど、時間が過ぎるのが早い」「なんでこんなに時間が早く過ぎるの」と感じたことはありませんか。

スポーツにしても、仕事にしても、「楽しむこと」が最高のメンタルトレーニングになります。

アメリカのスポーツ心理学者であるティモシー・ガルウェイは、集中を四つの段階に分類しています。

その最高レベルが、「無我夢中」です。無我夢中の状態が、もっとも集中している状態なのです。

ちなみに、４段階は、

①　注意を払う
②　興味を持った注意
③　心を奪われる
④　無我夢中

です。自分の注意が散漫なときや、何かが気になったり、とらわれているうちは、集中レベルが低い、ということです。

取り組むことに対して、心が向かった状態で集中レベルは高まり、究極は「夢中」ということです。

どうせやるなら日本一楽しむ

あなたは、目標達成に向けて、行動や継続すべきことがあります。

「どのようにすれば、それを今より楽しむことができるでしょうか？」

同じ行動をやるにしても、今より楽しめる方法はないか、工夫はできないか、考えるのです。

過去にヒントを求めるのもよいでしょう。

「どのようなとき、楽しかったかな？」と考えると、「誰かと一緒にやっているときのほうが楽しい」「目標達成のイメージをすると楽しくなる」「自宅よりもスタバでやると仕事が進む、テンションがあがるところで仕事をしよう」など、たくさんアイデアが浮かびます。

目標達成のために、「どうせやる」のです。「どうせ続ける」のです。その効果や質を高めるために、あなたの心の状態がよいほうがよいのです。また、あなた自身もできれば、楽しいほうがよくないですか？

つらいときこそ、「今この現状を楽しむにはどうすればよいのか」、考えてみてください。

現状は変わらなくても、あなたの見える世界観が一瞬で変わります。

48　集中力のムダ遣いをやめる

集中とは

「集中」という言葉を辞書で調べると、「一か所に集めること」と書いています。

つまり、集中している状態とは、ある一つのことに対して、あなたの意識が集まっている状態です。

練習中に「自分が今やるべきこと」に意識が向いていて、余計なことを考えていない状態です。

仕事中に「自分が今やるべきこと」に意識が向いていて、余計なことに意識が向かっていない、気にならない、とらわれていない状態です。

人の集中を妨害することには、こんなことがあります。

あなたの心の雑念や、自分の心の中で勝手に感じるプレッシャーなど、「あなたの中で生まれる妨害」です。

また、試合中のヤジや相手の状態、人から何か言われたり、気になったり、されることで感じることなどの、「あなたの外からの妨害」です。

現代社会は、誘惑だらけです。パソコンで仕事をしていて、ネットサーフィン。町を歩いていて、お金が使いたくなる衝動。自分が周りからどう思われているのか気になるＳＮＳなど…私たちは、今、集中力が奪われやすい環境や社会にいるのです。

自分がコントロールできることに集中する

目標達成を目指すときの原則があります。

「自分がコントロールできることだけに意識を向ける」、ということです。

世の中には、自分で何とかできることと、できないことがあります。

たとえば、過去は変えることはできません。現在と未来は変えることができます。周りの人を変えることはできませんが、あなた次第で自分自身は変えることができます。

自分では、どうにもならないことにエネルギーを奪われていてはもったいないのです。取り越し苦労です。

あなたに今、「目標に集中できない」という悩みがあったとします。または、「もっと集中したい」という、願いがあったとします。

まず、今、気になっていることをすべて紙に書き出してみてください。すべてです。

次に、それをコントロールできること、できないことに、仕分けします。コントロールできることに「〇印」、コントロールできないことに「×印」をつけるのです。

コントロールできるものに対して、あなたは集中を注ぎましょう。

私たちは、コントロールできないものに目がいくから感情的になるのです。うまくいかないのです。限りある集中力を、ムダづかいしているのです。

集中力の高め方は、さまざまなものがありますが、これが本質なのです。

今すぐできる工夫

仕事や勉強で、集中力を高め、パフォーマンスを発揮する方法を二つ紹介します。

まず、時間を区切ることです。

なぜ、小学校は45分で、中学・高校は50分と、時間が区切られているのでしょうか。その一つは、「集中力は長く続くものではない」からです。

何か仕事や勉強をするときには、時間を区切ったほうがよいです。

時間を決めて、その時間内で成果を出すようにします。そうしていると、質が高まってきます。

仕事なら、生産性がアップします。

時間というプレッシャーが、味方になるのです。

これは、脳科学の見地でも証明されています。タイムプレッシャーの有効活用です。

次に、集中できる環境をつくることです。

あなたがもっとも集中できる場所、集中できる時間帯があるはずです。その場所で、その時間に、一気に進めるのです。

私の場合は、朝食前の朝の時間、夜仮眠をとったあとの時間、この時間に頭が冴えることがわかっています。場所は、自分の机です。それは、集中できるようにセッティングしているからです。

49　今ここに全力投球する

迷いがあるところに、大きな成果はない

ここ一番、大きな成果を出す人は、迷いがありません。自信に満ちています。

迷いがあるということは、そのことに気持ちを奪われて、集中力が低い状態です。夢中になんてなれません。

迷いがあるところに、大きな成果はないのです。

コントロールできることに集中することを学びました。

その究極は、「今ここ」に、集中することです。

本質は、迷わないこと

スポーツでは具体的に、このような指導をします。

たとえば、三段跳。

砂場に向かう走路を、ピットといいます。

ピットは、走って、跳ぶ場所です。そこに課題は持ち込まないようにします。ピットの外で考えて、ピットの中では実践するのみにします。

このようにコツは、「考えごと」と「全力で取り組むこと」をいっしょにしないことです。分けるのです。

考えて、決めて、集中して、取り組む。これだけです。

考えて、悩んで、これで良いのか、こちらのほうが良いんじゃないか、と迷うから、そこに自信がなくなるのです。とっさの判断が遅くなるのです。思い切った競技ができないのです。

ここまでは考えに考える、ここからは実践あるのみ。このように分けると、思い切ったプレーができます。

これらは陸上競技やゴルフなどの間のあいたスポーツでは、とても有効です。

サッカーやバスケットボールをはじめとする連続して動くスポーツは、また別の要素が必要になります。

考えながら動く、動きながら考える、これも必要なのです。

この「今ここに全力投球すること」の本質は、「迷わず全力を尽くすこと」です。

「迷わない」「集中を奪われない」この本質を押さえてください。

成果の要素は、心×技×体×生活です。

技やテクニック、戦略、戦術、考えること、これらがなくなってはいけません。

あなたは、迷わず、今ここ、あなたが力を注ぐべきところへ、全エネルギーを注ぎ込むのです。

今のあなたの「最高」を発揮することが、あなたのベストです。

50　緊張しすぎず、リラックスしすぎず

適度な緊張は必要、適度なリラックスも必要

大きな大会になると、ガチガチになる。頭が真っ白になる。人前で話すとき、緊張する。営業で緊張して、うまく話せない。結婚式でのスピーチが思うようにいかなかった。このように緊張することで、うまくいかなかった経験はないですか。

私は、「これほど心臓は動くのか」という緊張を味わったことがあります。

あなたがこれまで体験したことがあるように、緊張しすぎるとうまくいきません。

逆に、リラックスしすぎて、うまくいかなかったことはありませんか。

リラックスしすぎて、力感がない。だらだらしている。無気力状態…これも、リラックスしすぎた弊害といえます。

過度な緊張は、あなたのパフォーマンスを低下させます。

逆に、リラックスしすぎていてもいけません。

スポーツ心理学でいう、理想的な心理状態とは、緊張しすぎず、リラックスしすぎずの、「緊張とリラックスが適度にある状態」です。

適度な緊張は必要、適度なリラックスも必要なのです。ここがポイントです。

コントロールしにくいものを、コントロールできるもので、コントロールする緊張しているとき、リラックスしているとき、私たちの体に変化が起きます。

それは、心拍数（脈拍）に表れます。

心拍数とは、心臓がドクンと、拍動した回数をいいます。

脈拍数とは、心臓の拍動で押し出された血液によって、脈拍が生じたものをいいます。体育の授業などで、手首を持って計測したあれです。

緊張しているときの、心臓がバクバクしている状態は、心拍数（脈拍）が速い状態にあります。リラックスして、くつろいでいる状態は、遅い状態にあります。ということはシンプルです。

「緊張しすぎているときは、心拍数（脈拍）が下がるようにする」「リラックスしすぎているときは、心拍数（脈拍）が上がるようにする」ということです。

スポーツ心理学では、「理想的な心理状態」とは、緊張とリラックスが適度にあるとされ、心・技・体のバランスがとれて、最高のパフォーマンスが発揮できるといわれています。

メンタルトレーニングは、いかに、目に見えないものを見えるようにするか、がポイントでした。目に見えにくい緊張やリラックスを、私たちはコントロールができる「心拍数（脈拍）」に置き換えて、成果の出せる理想的な状態へ持っていくのです。

51　リラクセーションを取り入れる

呼吸をうまく活用する

「緊張したときは、深呼吸するんだよ」と聞いたことはありませんか。ヨガを習っても、お寺で座禅をくんでも、さまざまな身近なところで、呼吸の重要性はいわれています。

そもそも人間は、今のところ宇宙服なしでは、地球を飛び出して生きられないわけで、呼吸は必要不可欠なものなのです。

緊張しているとき、この呼吸は浅くて、早くなります。リラックスしているとき、深く、ゆっくりと行われます。

この呼吸をうまく使うことで、心拍数（脈拍）をコントロールすることができるのです。

ためしに、口から長くゆっくりと、7秒間、息を吐いてください。このとき、肩の力が抜けていく感じを味わってください。そして7秒間息を吐いたら、3秒かけて鼻から吸いましょう。そして、また7秒かけて吐きます。このサイクルを1分ほど、くり返してみてください。ずいぶんと、リラックスできます。自分が一番リラックスできるリズムで行ってくださいね。

メンタル「トレーニング」とあるように、トレーニング次第で、熟練してくるとすぐにリラックスの境地に入れるようになります。

こんなことも活用してみてください。

・呼吸前と後で、心拍数（脈拍）を計測してみる。（熟練すればするほど、その変化が体感できます）
・息を吐き出すとき、体の中にたまった緊張やマイナスのものを吐き出すようにイメージする。（気持ちの切り替えに効果的です）
・呼吸に動作をつけてみる。吐くときに肩をおろし、吸ったときに肩をギュッとあげてみる。（肩こりにも効果的です）
・呼吸を吸うこと、吐くことだけに、集中する。（呼吸だけに意識が向くので、雑念やプレッシャーを緩和できます。その後、意識を向けるべきところに集中するとよいです）
・リラックスできる音楽をかけながら行う。（リラックス感が高まります）
・夜、寝る間に行う。（睡眠の質が高まります）

あなたは何をしたらリラックスできるか

人の悪いクセは、緊張したときによく表れます。競技では、緊張すると、悪い動きやクセが出てきてしまいます。リラックセーションの一つ、「呼吸法」を活用してみてください。

また、何をすれば自分はリラックスすることができるのか、それを把握しておくとよいです。映画、銭湯、ランニング、水泳、美味しいものを食べる、小旅行、人それぞれです。あなた自身のリラックス法を見つけてみましょう。

52　心もウォーミングアップする

心のウォーミングアップ

格闘技の入場シーンで、よく見かけます。自分のテーマソングをバックに、やる気や闘志を高めて入場してくるシーンです。

これを、心のウォーミングアップ「サイキングアップ」といいます。

リラクセーションとは逆に、心拍数（脈拍）を上げ、気持ちを高めるスキルです。

リラックスするときの呼吸とは対象的に、息を短く、早く、行ってみてください。フッフッフッと、0・5秒に1回のリズムで、強く息を吐き出しましょう。

呼吸に合わせて、声を出したり、飛んだりはねたり、ときに手をたたきます。まるで、フィットネスクラブのエアロビクスのように、笑顔で元気よくです。

これだけで、気持ちはガラッと変わります。

集団で行うと、そこに一体感が生まれます。チームのムードが高まります。

スポーツでは、ラグビー、オールブラックス（ニュージーランド）のハカが、有名です。YouTubeで、それをご覧いただくことができます。

スポーツだけでなく、もちろんビジネスシーンでも活用できます。元気の出る朝礼など居酒屋業界を中心に広まっています。これもサイキングアップの一つです。

あなたのテンションをあげる音楽は何ですか

ここでは、より実践的で、今すぐ行えるものを紹介します。

音楽を使います。

この曲を聴けば、「元気になる」「気持ちが高まってくる」という音楽を持っているとよいです。

私の場合は、中学三年生からＶ６の「太陽のあたる場所」をサイキングアップ曲にしています。

また、Queen の「Don't Stop Me Now」も、私のテンションを高めてくれます。

あなたを元気づけ、あなたのテンションを高めてくれる曲は、どのような音楽ですか。

音楽には、力があります。

音楽によって、その場のムードをつくったり、変えたりすることができます。

身近な音楽を、あなたの目標達成のツールにしましょう。

心の限界と体の限界

心の限界と体の限界は、多くの場合、さきに、心の限界がきます。

スポーツは、体の限界との闘いに思えますが、最初に、自分にブレーキをかけているのが心理面です。

「持っている力をすべて出しすぎると危険だ」と本能的に判断し、ブレーキがかかるのです。

心のブレーキです。

それでは、「せーの」で、息を止めてください。限界まで止めてください。

「せーの！」

心のブレーキを外す

はい、あなたは、今、こうやって本を読み進めることができています。

あなたは、生きています。

それは、体の限界の前に、心がブレーキをかけたためです。

ドーピング（禁止薬物）に含まれている興奮剤は、心のブレーキを外すことを目的にしています。

不安や緊張、恐れ、それらを興奮させることで吹き飛ばそうとしているのです。

あなたは、体の限界までの無茶をしてはいけません。しかし、あなたはあなたに早い段階で、心の限界をつくっていませんか。ブレーキをかけていませんか。

サイキングアップは、テンションを高めるスキルです。あなたのモチベーションを高めるのが、目標や理由をつくることでした。瞬間的に高めるサイキングアップ、あなたの本気をつくる目標設定や理由づくり、それらすべてを駆使して、あなた自身を鼓舞するのです。心のブレーキを外すのです。

あなたの限界を、自分で決めてはいけません。あなたはやれます！

53　言葉を変えれば…

弱気は言葉に現れる

あなたは、メンタルが強いのでしょうか。

それは、目を見るとわかります。また、あなたの言葉や態度、表情を観察すればわかります。

かたちは、心です。あなたの心の状態は、言葉や態度、表情に映し出されます。

「弱音」という言葉があります。弱音は、どこに現れるでしょうか。

それは、「言葉」です。

その人の不安や恐れ、自信のなさ、心の状態が、弱音、言葉となってかたちになるのです。

あなたの気持ちを後ろ向きに、元気を奪って、気持ちをダウンさせる言葉には、どんな言葉があるでしょうか。

「もうダメだ」「限界だ」「はー（ため息）」「ツイてない」「最悪だ」「この世の終わりだ」、不平不満、愚痴（グチ）、ねたみ、嫉妬、悪口、文句などです。

では逆に、あなたの気持ちを前向きに、元気に、励ます言葉には、どんな言葉があるでしょうか。

「よっし」「いける」「ありがとう」「これからだ」「まだまだ」「ツイてる」「やった」「うれしい」「幸

せ」「愛している」などです。

誰が一番影響を受けるのか

あなたは、誰の言葉を一番耳にしていますか。

そう、あなたです。あなた自身です。

人は、誰よりも自分の言葉を聞いています。

一番聞いている言葉が、マイナスの言葉ばかりならば、どうでしょうか。

心は乱れ、気持ちが暗くなるのは当然でしょう。また、その言葉には感情が入っています。それを毎日、毎日、聞いていると、どうなるでしょうか。心のダメージにつながります。

あなたが口にする言葉は、わずか一部にすぎません。

人は、毎日、たくさんの言葉を「心の中」でも話しています。

この口にする言葉、心の言葉を含めて、自分自身との会話を、「セルフトーク」といいます。

あなたが普段使っているセルフトークを変えるのです。本番だけでなく、普段の言葉の使い方を変えていくのです。

メンタルトレーニングは、本番だけ使うものだと考えるのは間違いです。本番に強い人は、普段も強いのです。普段を変えることが、近道なのです。

逆を言えば、言葉が変わると、毎日が変わるので、それはあなたの中で「革命」にもなるのです。

セルフトークを変える

大きな成果を出している人と、そうでない人の言葉を観察してみてください。使っている言葉が、まったく違うことがわかります。

語尾も違います。大きな成果を出している人は、語尾が上がっています。そうでない人の語尾は、下がっています。小さな声で、もぞもぞしているのです。

人は不安になると、ネガティブな言葉が、ノイズのように頭の中をかけめぐります。

その言葉を変えることが、あなたの心の状態を変えます。

セルフトークとは、簡単にいえば、独り言です。

あなたには、ポジティブなセルフトークをしてほしいのです。

私たちは、１日の中で、何度か鏡に映った自分を目にします。

「今日もかっこいいぞ！」「今日も素敵な私だわ！」「目標達成できた！」「最高だ！」など、自分にプラスの言葉を投げかけると良いです。

自分をほめることを習慣にすると、その効果は抜群です。

ネガティブな言葉を減らして、ポジティブで、あなたを元気にする言葉をどんどん使っていきましょう。増やしていきましょう。

あなたの普段の言葉が変われば、それは、周りにも影響してきます。チームや社内をも変えるのです。

54　かたちは心である

自信がある人とない人、態度、姿勢、動きが違う

言葉の次に、態度です。あなたの心の状態は、あなたの態度に表れてきます。動作や姿勢となって、心がかたちになります。

自信がある人と、自信がない人は、見るからに違います。

自信がある人は、堂々としています。胸を張っています。姿勢が良いです。上を向いています。下を向いて歩いてはいません。

自信がない人は、その逆です。そわそわしています。猫背ぎみです。肩を落としています。下を向いています。

体の状態を変えて、心の状態を変える

あなたの心の状態を変えるには、体を動かすことです。

悩んで、ジッとしていても、その気持ちはふくらむばかりです。

あなたの心の状態を変えたければ、今の態度や動作、姿勢を変えるのです。

サイキングアップで、呼吸を変えて、体を動かすのです。

55　笑顔はメンタルトレーニング

笑顔で楽しめる心が大切

表情には、その人の気持ちや感情が、にじみ出てきます。

かつてのスポーツシーンでは、笑っているスポーツ選手をほとんど見ませんでした。「巨人の星」「アタックNo.1」「エースをねらえ！」などのスポ根マンガが象徴しているように、「努力だ！」「根性だ！」の世界でした。

しかし、最近のスポーツシーンはどうでしょう。世界最速の男、ウサイン・ボルト選手のレース前には、笑顔と派手なパフォーマンスが見られます。

日本では、「ハニカミ王子」や「ハンカチ王子」がさわやかな笑顔をしていましたね。私は「ハナカミ王子」です。鼻炎のため、ティッシュの消費量が多いからです。

ここは、笑ってください。あなたの笑顔が、大切です。その笑顔でいきましょう。

近年、いろいろな分野でもいわれています。脳科学の世界、また、遺伝子の世界でも笑顔の効果は、いわれています。

「無我夢中」は、究極の集中状態でした。無我夢中には、よく「楽しい感情」がつきものです。

笑顔で楽しめる心が大切なのです。

顔には、たくさんの筋肉があります。人が「ニコッ」とするとき、口角がグッとあがります。口角を釣り上げる筋肉は、脳や神経と密接に関わっていることが証明されています。

笑顔もトレーニングです。

あなたのスマイルは、あなたを理想的な心理状態に近づける、もっとも簡単で効果的な方法です。

プラス思考とマイナス思考

プラス思考、マイナス思考という言葉があります。

「相手の良いところをほめよう」と思ったとき、人は自然とプラス思考になっています。

「今日は1日良いことがなかった」という人は、良いことに気づけていないことが多いです。本当に良いことは一つもありませんでしたか。ささいなことでも結構です。それらを真剣に探そうとしているとき、人はプラス思考になっています。

これまで学んだ「言葉」「態度」「表情」をプラスにしましょう。自然とプラス思考になります。対して、ネガティブな「言葉」「態度」「表情」を使っていると、マイナス思考になっていきます。そして、マイナス思考は、風邪のように、周りにうつるのです。集団のムード・雰囲気をそうしてしまうのです。

マイナス思考の人は、マイナス思考の人を探す習慣があります。愚痴やねたみ、嫉妬を言い合える仲間を探すのです。

そのようなとき、あなたはマスクをしてください。

決して、愚痴やねたみ、嫉妬を口にしないでください。そして、自分の言葉や態度、表情をプラスにするのです。それが何よりの風邪予防です。

あなたがコントロールできる言葉や態度、表情をプラスにして、音楽で気分を変えて、心と体の元気補充リストを使って、セルフコントロールしましょう。

あなたが先頭に立って、集団の言葉、態度、表情を変えていけば、集団の雰囲気が変わってきます。人は影響を受けやすい生き物です。良い影響が伝染します。

このような良い雰囲気の中で、競技や働くことでチームや企業全体の成果を著しく伸ばすことになるのです。

プラス思考と楽観思考の違い

注意点です。プラス思考と、楽観思考の違いです。

何でもかんでも楽観的に考えて、予測や準備をせず、「大丈夫だろ」「問題ない」というのは、プラス思考と言えません。それは、怠けているだけです。

問題が起きたときや、逆境、四面楚歌の中でも、プラス思考になれるのが、本当のプラス思考です。

事実は一つでも、解釈は一つとは限りません。プラスの解釈と、マイナスの解釈があります。マイナスの状況でこそ、プラスの解釈ができる人こそが、「真のプラス思考」の持ち主なのです。

56　成功パターンと、失敗切替えパターンを持っておく

ルーティンを活用する

腕組みをしたとき、どちらの腕が上になりますか？　靴は、どちらの足から履きますか（一度、気にしてみてください）。

人は、それぞれやりやすいパターンを持っています。これを「ルーティン」といいます。

この「ルーティン」を、活用するとよいです。

たとえば、トップアスリート。トップアスリートほど、プレイ前に一定の動作をしています。自分のパターンを持っています。

広島東洋カープの前田健太投手は、以前テレビの中でこのようなルーティンを公表していました。

・夕食に豚ヒレの唐揚げを食べる。
・寝る前に決まった音楽を聴く。
・同じパジャマと下着を着る。
・当日は試合7時間前に起床。
・朝食に豚の生姜焼きを食べる。

・食後に風呂とトイレ掃除。（勝ち運を高めるために身の周りを清める）
・定刻に同じシャツを着て球場入り。
・ブルペンは必ず真ん中で、45球を投げ込む（球数はそれ以上でもそれ以下でもダメ）

これは、ごく一部です。このような試合の成功パターンを持っているのです。

あなたが成果を出しやすいパターン、ルーティンをつくってみましょう。あなたにあったルーティンがあれば、取組みに対して、良い心理状態でのぞむことができます。

ミスをしたときに切り替えるルーティン

最も重要なのは、ミスをしたときです。

誰でもミスや失敗はするものです。そのときに、切り替えて前に進むことができるか、これが大切です。

ミスをしたら、それを受け止める。そして、いつまでもコントロールできない過去に縛られていてはいけません。どうしようもない未来の不安をいだいていても仕方ないです。次のプレイや仕事に集中することが大切です。

失敗したときのマイルールがあるとよいです。「3秒で気持ちを切り替える」「パチンと指をならして切り替える」など、自分の「切替えルーティン」を持っていると良いです。

ミスを恐れるのはなぜですか？挑戦においてのミスは、当たり前です。

ミスをどう次へつなげるか、切り替えて次頑張れるかが、重要なのです。

57　徹底して準備する

最高のプレーができるように準備する

本田圭佑選手のインタビューの受け答えを聞いていると、「準備」という言葉を連呼しています。

本田選手は、最高のプレーができるように、いつも準備をしています。

これは、私の後輩の話です。

走高跳をしている後輩でした。彼は、どうしても雨の日の試合が苦手でした。みんなが、それを知っていました。雨が降る＝彼の結果がわるくなることを、他校の選手も知っているほど、彼は雨に苦手意識を持っていました。

陸上競技は、雨でも試合を行います。

魔法使いでもないかぎり、基本的には天気をコントロールすることはできません。それに対して、「いやな天気だな」と、影響を受けているようではいけません。

てるてる坊主をつくって、祈っているだけではいけないのです。

天気に対して、準備をすることができるからです。

明日は雨だ、傘を持っていこう。濡れるかもしれない、着替えやタオルを持っていこう。雨で電車が遅れるかもしれない、1本早い電車で余裕を持って行こう。このように準備ができます。

徹底した準備で乗り越える

走高跳の彼は、小学生から12年間、陸上競技を続けてきました。その集大成となる最後の試合のことです。なんと、雨が降ってきました。

激しい雨でした。彼は、職人のように、走高跳と愚直に向き合い、冬は1000本跳ぶことを決めてやりきる、そんな努力家でした。しかし、どうしても雨との相性が合わなかったのです。

もはやここまでか…と周りで応援している人たちは、天気を憎みました。

しかし、彼は、雨の日の試合に対して、徹底した準備を行っていました。

・晴れの日に、バケツを持ってきて、地面を水びたしにして、練習をしました。
・ジャンプで滑らないように、スパイクのピンは新品のものを用意しました。
・雨でも大丈夫、という漠然としたプラス思考ではなく、カッパ、着替え、万全の雨対策をしました。
・「雨を乗り越える」という強い気持ちで、自分と向き合いました。

彼は、これまで雨の試合では、一度も結果を残せませんでした。

そんな彼が、最後の試合で見事、雨に勝ちました。自分に勝ったのです。関西制覇を成し遂げました。

試合後、彼はこう口にしました。

「今日跳べたことで、これから人生、何をやってもうまくやれそうな気がします！」

未来への自信がみなぎっていました。

今、彼は警察官になって、家族を守る父として、新たな目標へ挑戦しています。

目標達成のプロは、準備のプロ

成功するから自信があるのではなく、自信があるから目標を達成することができます。

自信は、徹底した準備によってつくることができます。「これだけやったのだから」と、自分に自信がみなぎります。

世の中には、常に高い成果を出し続けている人がいます。

彼らは、事前に準備をしています。未来をイメージして、予想される問題を予測して、コントロールできることに対して、ありとあらゆる準備をします。

そうやって、目標達成の確率を高めているのです。

対して、失敗を繰り返している人は、その場、その場で対応をします。

楽観的なのです。博打になっているのです。

あなたが、これから成功し続ける目標達成のプロになるならば、準備を欠かすことはできません。

準備は、才能でも能力でもありません。あなた次第のものです。

目標達成を博打にしないでください。

いかに最高の準備をして、最高の自分で本番を迎えるか。本番までに、勝負は決まるのです。

58　緊張や不安は乗り越えるもの

緊張を消すことはできない

徹底した準備をしても、緊張はするものです。

しかし、徹底した準備をして、あなたが今できることに集中さえすれば、その緊張は、あなたの「味方」になります。良い意味での緊張感になるのです。

これまでお伝えしてきたように、適度な緊張は必要なものです。緊張をゼロにする必要はありません。

緊張を消そう、消そう、と思うから、緊張が「敵」になるのです。

緊張を消すことはできません、あなたが乗り越えるものなのです。

今、自分が持てる力を出し切る

浅田真央選手は、ソチ五輪で緊張しました。初日、ショートプログラムでは思うような競技ができませんでした。そのまま、浅田選手の五輪が終わってしまっていたら、悔いが残ったでしょう。

しかし、浅田選手は違いました。緊張や不安を乗り越え、２日目のフリープログラムでは自身最高の滑りをしました。

競技や仕事で、その人が完全に満足できるのは、次の二つのときです。

「目標を達成したとき」、または、「自分の持てる力をすべて出し切ったとき」です。

緊張の原因は、余計なことを考えることにあります。ここでいう余計なこととは、結果です。

あなたができることで、もっとも良いことは、「自分の持てる力をすべて出し切ることに集中すること」です。

自分のすべてを出す、これしかありません。

本番ともなれば、やってきたことを信じてやるしかありません。その迷いなき取組みが、あなたに、今の最高の成果をもたらすのです。

浅田選手は、コーチや周りのサポートを受け、平常心を取り戻しました。自分の持てるものを出し切ることで、晴れやかな浅田選手の笑顔を、私たちは見ることができました。

目標達成の要素は、心・技・体・生活です。

ときに、本番への緊張や不安のあまり、練習量でその緊張と不安を消そうとする人がいます。

体を酷使し、疲労困憊で良い成績を残すことはできません。

当日までは、目標達成のために懸命に頑張る。自分で決めたことをやりきる。最高の準備をして、自信をつくる。そして当日、あなたにできることは、やってきたことを信じ、すべての力を出し切ることなのです。自分を信じるのです。

持てる力をすべて出し切って、あなたの最高の笑顔を見せてください。

共に勝つ

大学生のとき、居酒屋「てっぺん」の創業者、大嶋啓介さんの話に感銘を受けました。かめとうさぎの話です。「寝ているうさぎを起こしてあげられるかめになろう」というのです。「共に勝つ」ということです。

一人で勝つよりも、一緒に勝つほうが、喜びは大きいです。また実際に、喜びや感動が大きいだけでなく、成果が大きくなります。

世界最速のウサイン・ボルト選手は、世界陸上テグ大会の決勝でフライングをしました。ボルト選手が失格をしたレースで、世界一に輝いたのは、同じジャマイカのヨハン・ブレーク選手でした。彼らは、同じチームメイトです。チームメイトが世界の金・銀を争っているのです

ボルト選手の世界記録も、ブレーク選手の飛躍も、互いに『チームメイトの存在』がなければ、できなかったことではないでしょうか。

ビジネスシーンでは、「コラボレーション」や「ジョイント」で、「互いに」業績を伸ばしている企業やプロジェクト、商品があります。最近ではＣＭまでよく目にします。

緊張や不安、問題、悩みは、他者と共有ができます。一緒に解決ができます。共に乗り越えればよいのです。

圧倒的な成果を出すためには、「共に成長して、共に勝つ存在、チーム」が必要なのです。

第6章で学んだアクションプラン

□ どうやったら楽しめるのか考える
□ 自分がコントロールできることに集中する
□ 今ここに全力投球する
□ リラクセーションを取り入れる
□ サイキングアップを活用する
□ 普段使っている言葉・態度・表情を変える
□ 成功パターンと、失敗切替えパターンを持っておく
□ 徹底して準備する
□ 緊張や不安は乗り越える
□ 共に勝つ

第7章　本気になって人生を変える

59　きっかけは偶然でもよい

勇気を持って頑張ってほしい

私は、中学生になって、部活動を始めました。小学生のときは、地域のソフトボールチームに所属していました。仲の良かった先輩が、陸上競技部に入っていたのがきっかけで、仮入部をしたのです。最初は、長距離を専門にしていました。次に、混成競技をしました。走幅跳の試合に出たかったのですが、後輩に負けて試合に出ることができませんでした。出場枠が空いていた三段跳に出場しました。それがたまたま自分に合っていました。そのあと、引退するまでの9年間、その競技を専門種目にしました。

私の夢は、選手として、日本一になることでした。しかし、なれませんでした。晩年は、怪我に苦しみ、試合に出場するのがやっとでした。だから、指導する側になりました。

『私は、たまたま陸上競技部に入り、たまたま三段跳をはじめ、泣く泣く選手をあきらめ、指導者の道に進みました。』

その中で、目標を達成してきました。今では、アスリートだけでなく、企業や学校、地域から呼ばれて、セミナーや研修の講師をしています。そんなものです。偶然のようなことから始まりました。

あなたにも、勇気を持って、頑張ってほしいです。

60　本気の人に触れる

情熱を持てるテーマに出会ってほしい

あなたには、あなたが「情熱を持てるテーマ」に出会ってほしいです。

うまくいこうが、うまくいかなかろうが、「やりたい！」、そう思えるようなテーマに出会ってほしいです。そのテーマの中で、目標を決めて、本気で取り組む。人生を本気で生きてほしいのです。

私が「本気」を学んだとき

私が、「本気」というものに目覚めた出来事です。

中学2年生まで、陸上競技の世界で、まったく結果が出ませんでした。ずっと悔しい思いをしていました。中学2年生から3年生にかけての冬、最後のシーズンに向けて、メンタルトレーニングとフィジカルトレーニングに、本気で取り組みました。

努力が報われて、一気に、大阪のトップ選手になることができました。

夏の大会では、大阪府で優勝しました。うれしかったです。

秋にも、大阪府の大会があります。夏より優勝することが難しい大会です。それまで走幅跳を専門にしていた選手たちが、大会の種目上、三段跳に出場してくるからです。

三段跳は、3本、跳びます。上位8名が、もう3本、跳ぶことができます。計6本です。

三段跳は、どれだけ遠くに跳ぶことができるのか、距離を競う競技です。遠くに跳ぶため、助走をつけます。助走の最後には、踏切の板があります。20㎝の白色の板です。それに次いで10㎝の緑色のゴム板があります。白色で踏み切るとOK、緑色を1㎝でも踏むと、記録は計測されません。ファールといいます。どれだけ遠くに跳ぼうが、記録がないのです。

秋の大会、5本目を終えた時点で、私は2位でした。どうしても優勝したかったです。どうしても。

私にとっては、中学校生活、最後の大きな大会だったからです。

6本目を前に、最後の1本にかける私に、先生がアドバイスをくれました。

「助走距離を、靴1足分、前にしなさい。ファールしたら、オレが責任をとる」

5本目で、助走と踏切はバッチリでした。なので、助走を前にすることは、大きなリスクを伴う挑戦です。ファールの可能性が、ほとんどです。

それでも、優勝できる可能性があるならば、勝負をしなさい、もしファールをしたら、オレが責任をとる、大丈夫だ、自信を持っていきなさい。このようなアドバイスをくれたのです。

決して、責任をとることなどできません。

ファールをしたら、終わりです。その時点で、試合終了なのです。

しかしそれほど、指導者が本気だったのです。

私は、今でもそのときのことを鮮明に覚えています。

結果、私は自己ベストを更新したものの、1位の選手に一歩届かず、2位でした。

それでも、その体験、その出来事、指導者の本気に触れた経験が、「優勝」という結果より、のちの人生に活きています。

指導者の本気の思いに触れて、「本気」というものを学びました。

人は出会いによって変わる

言葉でいうのは簡単ですが、人には「人生が変わる瞬間」というものがあります。

まるでスイッチが入ったかのように、本気になる瞬間です。

あなたが「人生を変えたい」「本気で挑戦したい」「充実した時間を過ごしたい」と思うならば、「本気の人」と触れてください。

本気になるのに一番良い方法は、「本気の人と出会うこと」です。会いに行くことです。

人は、他者の思いや生き方に触れることで、覚醒します。「人は出会いによって変わる」とは、こういうことだと思います。

私は、幸い、人生の早い段階でそのような人と出会いました。ただ、それだけの理由で結果が出ただけです。

あなたにも、「他者の本気の思いに触れる」、このような経験を大切にしてほしいです。

61 本気になると、見える景色が変わる

なぜ、本気になることをすすめるのか

本気になることをすすめるのは、自分自身が本気の before（前）と after（後）、また、本気のときとそうでないとき、を経験しているからです。

私だけでなく、多くの友人や、私がサポートさせていただいた人たちが、本気になることで、その後の道を切り拓いていったからです。

シンプルに表現すると、「本気は楽しい」です。

ときに、本気は、大変です。覚悟が入ります。試練も現れるでしょう。

しかし、本気で取り組んでいると、必ず手にできることがあります。

それは、「成長」です。また、そこには大きな「感動」があります。

そして、本気で挑戦していると、必ず応援してくれる人が現れます。まだ、応援してくれる人が現れないときは、本気さが足りないときです。

本気は、「仲間」さえ授けてくれます。気の合う仲間です。生涯の財産になります。

本気になると、あなたに見える「人生の景色」が変わります。

62　本気になることを教える

指導的な立場にいる人の最大の役割

先生やリーダー、指導的な立場にいる人の最大の役割は、「本気になることを教えること」です。目の前の相手を、本気にさせることです。

相手を本気にする最大のスキルは、「あなたが本気になること」です。あなたが本気で、子どもや選手、社員と向き合うのです。まず、あなたです。指導者は、自分に矢印を向けるのです。

あなたが本気でかかわり、あなた自身が成長していく姿をしっかりと見せるのです。生きるモデルになるのです。

私が、指導者になりたての頃の話です。私は、すでに「理念が大切だ」という学びを受けていました。理念は、「目の前の相手をこうしたい」という教育の理念です。軸となるものです。

私には、「その集団のルールや規則になっていること、そこに例外を認めてはいけない」という思いがありました。

ルールを守る子がいます。ルールを守らない子がいます。何回言っても、ルールを守らない子は、放っておくのでしょうか。あきらめるのでしょうか。そのときの私は、かかわり続けることを選びました。注意し続けました。

3週間、毎日、その子にあきらめない姿勢でかかわり続けました。3週間後の最後の日、紙に書いたメッセージをくれました。

「叱ってくれてありがとう」

子どもに学びました。

本気は伝わる、中学2年生の子どもに教わりました。

私がはじめて「先生」と呼ばれた、3週間の教育実習の出来事でした。

この実習の体験があったから、今の私があります。子どもと、実習生の私を指導してくれた先生に、本当に感謝しています。

本気で叱って、本気でほめる

目の前の相手を成長させようと思ったら、あなたが本気でかかわることが大切です。

「本気で叱る」「本気でほめる」のです。

本気で叱ろう、本気でほめようと思ったら、その根底には、あなたが相手の「可能性を信じること」が大切です。

この子は、大丈夫、絶対にできる、やれる。その人の未来の可能性を信じてあげることが大切です。あなたの心は、伝わります。

絶対に目標を達成させる

あなたが、目標達成に関するプロのコーチや先生、リーダー、指導的な立場にいるならば、その役割は、相手が行きたい目的地へ連れていくこと、つまり、「絶対に目標を達成させること」にあります。

北風と太陽の話です。

北風と太陽は、力比べをしました。旅人の着ている服をぬがす勝負です。北風は、強い風を巻き起こし、無理矢理にでも服をぬがせようとしました。太陽は、さんさんと光を照らしました。あまりの暖かさに、その人自らが、服を脱ぎはじめました。太陽が勝った、というお話です。

北風は、やらせるタイプの指導者です。

太陽は、やりたいと思わせるタイプの指導者です。

私は、指導者は北風にも太陽にもなる必要があると思っています。その人が、自ら決めた目標に情熱を燃やしているならば、どちらもするのです。

人は、「これが大切だ！」「これをすれば目標達成に近づく！」とわかっていても、ときにその行動をやらないものです。やりたいと思わせるのです。そして、やらせきるのです。最後まで、かかわるのです。

すると、小さな成功体験が生まれます。小さな成功体験が積み重なり、大きな成功を成し遂げます。このとき、人は、本当の意味で変わります。真の自信がみなぎります。

63　努力はムダにはならない

うまくいかないことのほうが多い

私は、いつも目標を達成しているわけではありません。

特別な存在では、まったくありません。

広い範囲で見ると、いくつもの目標を達成してきました。選手として、指導者として、事業主として、大きな成果も小さな成果も出してきました。

しかし、狭い範囲で見ると、うまくいっていないことのほうが多いでしょう。

高校生のとき、自分にとって、致命的な失敗をしました。当時、「これが人生の集大成だ」というインターハイで3本ファール、つまり「記録なし」という結果で全国大会に進めませんでした。ひどく、ひどく、ひどく落ち込みました。

顧問の先生に、こう言われました。「努力してきたことを、ムダにだけは思わないでほしい」ハッとしました。ひどく落ち込んで、次の目標も見つからない私は、努力をムダと思いかけていたのです。

これだけやったのに、全国大会にいけなかった、意味がなかった…と。

あなたに約束されたもの

目標達成を目指せば、目標が達成できた人、達成ができなかった人が必ず出てきます。

スポーツの世界、ビジネスの世界、資本主義社会では、必ず、勝つ人、負ける人が生まれます。

目標達成は本気で目指しますが、決して、目標達成だけが、すべてではありません。

人は、目標達成への取組みの中で「成長」することができるからです。

目標を達成した瞬間に、「その人が急激に変わるのか？　成長するのか？」と聞かれると、それはＮＯ（ノー）です。達成した瞬間に成長するのではなく、その過程で成長するのです。

本気で取り組んでも、目標達成は、約束されるものではありません。

しかし、成長は、あなたに約束されているのです。

次、頑張る

私は、高校時代、目標を達成することができませんでした。しかし、その後の大学、社会人、そして今が一番、結果を出すことができています。それは、「成長」を大切にしてきたからです。

成功よりそうでないときのほうが、ほとんどかもしれません。しかし、成功にもそうでない結果にも「成長」はあります。

あなたが、本気で取り組んだこと、決してその努力をムダだと思わないでください。

また、次頑張ればよいのです。

64　本気で悔しがる

伸びていく人と伸びない人

これから伸びていく人、伸びない人の見分け方です。

その差は、負けたときに表れます。顕著に表れます。

勝ったときより、負けたときや、うまくいかなかったときにです。

ヤンキースの田中将大投手の、プロデビュー戦をご存知ですか。

今でこそ、シーズン無敗の男、日本一の投手と称される田中投手ですが、そのプロデビュー戦はほろ苦いものでした。

２００７年3月29日の福岡ソフトバンクホークス戦です。デビュー戦は2回もたず、６失点で、ノックアウトされました。

降板後のベンチでは、ものすごく悔しそうな顔をして、涙を見せました。

田中投手のように、本気で悔しがる人もいれば、負けているにもかかわらず、ヘラヘラしている人がいます。悔しがっていないのです。

これが、実に多いです。特に、競技レベルが低い選手、チームに共通するうまくいかなかったときに見られる傾向です。

全力を尽くさない。手を抜く。負けても平気なのです。

田中選手は、本気で悔しがりました。涙をしました。本気で悔しかったのです。

人は、悔しい思いをすることで、「絶対にこんな悔しい思いはイヤだ」と、次頑張ろうとします。

悔しさがエネルギーになるのです。

大きな成果を出す人に共通のメンタリティ

目標は未達成でも、多少満足のいく結果のときがあります。それほどわるくなかったときです。

自分の目標数値には届かなかったものの、自己ベストや他者に勝ったときです。

普通の人は、これを喜びます。悔しさは、ないのです。

これから伸びていく人は、これを喜びません。強烈に、悔しがります。

大差で負けたとき、完全に目標に届かなかったとき、このときは、わかりやすいです。しかし、それほどわるくないときです。ここに違いが出ます。

周りが賞賛しようが、自分の基準に満たないと、満足できないのです。

「自分の基準が高い人」は、これから伸びていく人です。

また、伸びていく人は、全員といっていいほど、「負けず嫌い」です。

大きな成果を出している人には、負けず嫌いの人が多いです。これでもかというぐらい、負けず嫌いです。

浅田真央選手について、姉の舞さんが言っていました。

「真央は、負けず嫌いです。めちゃくちゃ頑固です」

一見、優しそうな浅田選手ですが、強烈な負けず嫌いであって、自分の高い基準を持っているのです。だから、強いのです。

私は、目標達成するにふさわしい

負け続けていると、負け癖がついてきます。

負け癖とは、負けを簡単に受け入れられるようになってきた状態です。負けても、以前ほど悔しくない状態です。

負けが、当たり前になっているのです。

これは、すぐに修正しなければいけません。

負けたときは、本気で悔しがればよいのです。感情的に悔しがってよいのです。

そして、「こんな私は私らしくない」と負けをはね返すのです。

うまくいったときは、「私らしい」。うまくいかなかったときは、「私らしくない」。

「自分は、目標達成するにふさわしい」とするのです。

これを、もう一人の自分（イメージの中の自分）＝セルフイメージといいます。

目標達成するにふさわしい、そんなセルフイメージを持つことが大事です。

65　もっとも避けたいこと

私たちが絶対に避けたいこと

本気で取り組んでいると、うまくいくときと、うまくいかないときがあります。成功と失敗です。

失敗は、次に生かすことができるので、本気で取り組んださきには、「成功」か「学び」しかないと言えます。

失敗以外で、あなたにどうしても避けてもらいたい三つのことがあります。

まず、「行動せずに後悔すること」です。

成功も失敗も、行動のさきにしかありません。行動しないかぎり、成功も学びもありません。成長もありません。感動もありません。行動しないことが、「失敗」なのです。

本当にやりたいことに対して、行動せずに、後悔することは避けてほしいのです。

次に、「遠慮すること」です。

本気の反対は、遠慮です。遠慮しているときは、まだ本気でないときです。中途半端な行動からは、中途半端な結果しか生まれません。

あなたが、「こうする！」と決めたならば、遠慮せず、とことんやりきることです。

最後に、「同じ失敗をくり返すこと」です。

成功も失敗も、「学びがあるからよい」とは私は思いません。失敗は成功の母、ともいいますが、できれば失敗したくありません。失敗や負けを続けていると、負け癖もついてしまいます。

一度の失敗はよいと思います。挑戦には、つきものです。

ただ、同じ失敗を何度もくり返すのは、おかしなことです。

同じ過ちをくり返さないための最高の方法

負けたときに、悔しがらずにヘラヘラしている人は、よく同じ失敗をくり返します。対して、強烈に悔しがった人は、二度とそれをやるものかと、同じ失敗をくり返しません。

以前、私は、アドバイザーの一人に相談しました。

「先生、できれば目標達成まで最短の道を進みたいです。どうすれば同じ失敗をせずにいられるでしょうか」

「本気で取り組んでいると、同じことをくり返すかな？くり返さないんじゃないかな」

そのときは、その回答がよくわかりませんでした。

しかし、今はよくわかります。同じ過ちをくり返さないための最高の方法は、「本気で取り組むこと」です。

それに加えて、日誌をつけることです。日誌は、目に見えて残るものなので、あとから読み返すことができます。とても便利なツールです。同じ失敗を、回避するのです。

66　どうしても思うような結果が出ないとき

頑張りが足りないか、やり方が間違っているか

同じ失敗をくり返していないのにも関わらず、どうしても思うような結果が出ないときがあります。

その原因は、序章で述べたように、「頑張りが足りない」か、「やり方が間違っている」かです。つまり、量の問題か、目標に向けて「やっていることが正しい」と思っていることに「間違い」があるからです。

量の問題なら、比較的簡単です。量をあげることを目標にすればよいからです。

「やっていることが正しい」と思っていることに「間違い」があることは、手ごわいです。自分では、その問題に気づくことが難しいからです。

このことからも、これまで前述してきたように「気づく」ことの重要性がよくわかります。

アドバイザーの目を借りる

ニュートンは、木からリンゴが落ちるのを見て、重力を発見しました。私なら「もったいない」

と思うだけです。そこに問題があることに、気づかないのです。いえ、「気づけない」のです。

スポーツでもビジネスでもそうです。

私が、目標達成のために、アドバイザーを大切にすることは、この点にもあります。いえ、むしろ、この点のほうが大きいのです。

やり方やノウハウは、世の中にあふれています。

たとえば、ダイエットに関するそれが、わかりやすいでしょう。〇〇ダイエット、〇〇エクササイズ、山ほどあります。そして、次から次へと新しいものが生まれます。海外から上陸してきます。

今日もテレビで放送されています。次から次へと出てくるのです。

やり方やノウハウ、問題を解決する方法は、この情報化社会のどこかにあるのです。

あなたの問題も、この世の中の誰かがすでに解決してきたものであることがほとんどです。解決策はあるのです。

やり方やノウハウがあふれているのに、成果が出ないのです。

ここから、いかに私たち人間に「問題を見つけること」が重要かがわかります。

問題を解決すること以前に、「問題を見つけること」の方が大切なのです。

その分野の達人は、目のつけどころが違います。私とまったく同じ光景を目にしていても、目にうつっている世界観が違うのです。

あなたの二つの目だけに頼るのではなく、アドバイザーたちの複数の目を借りるのです。

自分の目と他人の目

世の中には、矛盾しているようで、そうでない話があります。アドバイザーの力を借りてくださいと、私は述べましたが、あなた自身に問題を見つける力を高めてもらう必要もあります。

他力だけでもいけませんし、自力だけでもいけないのです。

目的が「目標の達成」にあるならば、両方の力を使うべきなのです。

問題を見つけるコツは、「事実を把握すること」です。誰からみても同じである「事実」と、あなたの意見が混じった「事実のようでそうでないもの」があります。それが、よく混合してしまいます。

何かうまくいかない状態は、精神的にもけっして穏やかではありません。冷静さに欠けます。なので、どうしても事実でなく、自分の意見をはさんでしまうのです。

あなたの現状の事実をすべて並べてください。誰から見ても同じ事実を、です。

古い自分を捨てる

うまくいったときには、うまくいった原因があります。

うまくいかなかったときには、うまくいかなかった原因があります。

原因とは、あなたが取り組んだことやあなたの状態、思考、考え方などです。

当たり前ですが、原因を変えなければ、うまくいくはずがありません。今と同じ行動で、新しい結果は得られないのです。

こう考えると、変わる勇気、変える勇気が必要だということがわかります。

古い自分を捨てて、新しい自分を手に入れることが大切です。

人生において、また、スポーツやビジネス、何かに取り組んでいると、必ず、壁や問題は生じるものです。その壁や問題は、あなたに今ないものや足りないものを教えてくれているのです。

壁や問題は、見方を変えると、あなたの「伸びしろ」です。

うまくいかないのは、「何かを変えなさい」というメッセージなのです。

一筋の光を見つける

あなたが真っ暗なトンネルを、たった一人で歩いているとします。

トンネルをぬけたいです。前に進んで、トンネルからぬけたいです。そのときの足どりや行動はどうなるでしょうか。前に思いきって歩めるでしょうか。うまく進めるでしょうか。

私は、怖いです。どこに何があるかわかりません。目の前に壁があるかもしれません。どこまでトンネルがつづいているかもわかりません。

ただそのさきに、光がちょっとでも見えたらどうでしょうか。

猛ダッシュすることができます。

問題を解決するためのすべての「答え」を探していては、あなたの歩みは止まってしまいます。

一筋の光さえ見つかればよいのです。光を探しにいくのです。

67 人から応援される人間になる

ソチ五輪での浅田真央選手

私は、子どもたちを指導するときに「人から気持ちのもらえる人間になりなさい」と、口を酸っぱくいいます。

人から応援されるような人間になろう、ということです。

ソチ五輪で、浅田真央選手の競技に、多くの人が感動しました。

初日のショートプログラムでは、16位と出遅れました。もはやここまでか、という2日目、フリープログラムで自己ベストを更新しました。そのシーンに、多くの人が涙しました。

浅田選手は、のちの番組でこのようなことを語っていました。

ショートプログラムが終わって、なかなか気持ちの切替えができなかったそうです。翌日の朝の練習まで引きずり、練習を遅刻してきて、その練習でもうまくいかなかったそうです。

佐藤信夫コーチは、かつての教え子で、体調を崩し、扁桃腺をはらし、２日間練習できなかった選手の話をしたそうです。それでも最後まで滑った。あなたはどこもわるくない。何かあったら、私がリングまで助けに行く、と佐藤コーチが話してくれたそうです。

浅田選手は、その話を聞いて、「できないことはない」と思ったそうです。そのさきの自己ベストです。

メンタルトレーニングとメンタルサポート

メンタル面は、これほど一瞬で変わるものです。

心の状態が変わって、成果が大きく変わるのです。

メンタル面を強化しようと思ったら、方法は二つです。これまで述べてきたメンタルトレーニングと、もう一つは、メンタル面のサポートを受けることにあります。

浅田選手の例が、それにあたります。周りの人たち、コーチのサポートによって、救われたのです。

佐藤コーチは、技術コーチです。佐藤コーチの、浅田選手に「納得する競技をさせたい」という強い思いが、言葉になり、浅田選手の心まで支えたのです。

思いに勝るスキルは存在しません。

浅田選手は、指導者から本気で応援される選手なのです。そして、日本だけでなく、世界中の人からも応援される選手だったのです。

心・技・体・生活、すべて、自分で高めることができます。自分で高めることに加え、「応援される人間になること」が、圧倒的な成果を出すポイントであり、それが、競技や仕事の成功以上に、「人としての成功」なのではないでしょうか。

68　それでもなお、頑張る

「退歩」が成果につながることもある

先日、「退歩のすすめ」というお話を聞きました。

ハエが、部屋を飛んでいます。外に出ようと、何度も窓ガラスにぶつかっています。もしハエが一歩後ろにさがり、部屋の中心から眺めたら、となりの窓ガラスがあいているかもしれません。

進歩ではなく、退歩したからこそ、気づけることもあるということです。

スポーツやビジネス、人生もこれと同じことが言えるのではないでしょうか。

どうしてもうまくいかない。この先の人生、あなたにも私にも、このようなときがあるかもしれません。

「私は、どうしたいのか」「本当は、どうしたいのか」と考えたとき、それでもなお、達成したい理由があるならば、私はあきらめずに挑戦します。

あなたは、どうしますか？

それでもなお頑張る理由は

人間の目は、前についています。鼻も口も耳も前向きについています。前に進むようにできています。

進歩しても、退歩しても、うまくいっても、うまくいかなくても、未来に進むしかないのです。

ならば、今この場所、今この状況から、前に進みましょう。

トップアスリートをはじめ、大きな成果を出す人から学ぶべきなのは、その人が決して目標をあきらめなかった、前に進みつづけることができた理由です。

目標のさきにある「なんのために」がはっきりとしているのです。

「目的」です。

あなたは何のために、頑張りますか？

あなたを応援しています

本書を最後まで読んでくれたあなたは、一つやりきりました。本を読みきりました。どれだけの人が、貴重なお金を使って、本を購入し、大切な時間をかけて学んでいるでしょうか。

自分を肯定してください。

そして、すかさず、本書の内容を実際に取り組んでください。

正しい努力は報われます。

あきらめないでください。

私はあなたを応援しています。

第7章で学んだアクションプラン

- □ 本気の人に会いに行く
- □ 本気になることを教える
- □ 努力をムダに思わない
- □ 本気で悔しがる
- □ 挑戦する・遠慮しない・同じ失敗をくり返さない
- □ 問題を発見する
- □ 人から応援される人間になる
- □ それでもなお、頑張る

あとがき

いかがでしたでしょうか。「努力が報われる方法」をご理解いただけましたでしょうか。「本気で頑張ろう」と思っていただけましたでしょうか。

私は、16年間、全力で取り組んできた中で、多くの子どもや大人を見てきました。

目標を達成した人、できなかった人。

うまくいった人、いかなかった人。

その度に、「どうすればうまくいくのか」「どうすれば努力が報われるのか」本気で追求してきました。多くの時間、多額のお金を投資してきました。

スポーツで活躍しても、その後の人生で継続して活躍できなければ、その方法に意味はありません。

スポーツや仕事を通して、人間的に成長できたならば、それは生涯の財産になります。

あなたが本気で取り組んださきには、必ず成長があります。

本から学んだ知識は、実践して、はじめて結果につながります。「知っている」「わかっている」と、「できている」は、まったくの別物です。

本書から、目標達成のヒントをつかみ、実践して、成果を上げてください。そして、成果が出たら、あなたが応援する人、大切な人に、その方法を伝えてください。

正しい行いをしたものが報われる、そのような明るい未来を願っています。

一緒に頑張りましょう。

巻末には「常勝メンタルへの道」という無料サポートメールを用意しています。あなたの目標達成とその実践に、お役立てください。また、何かあれば、私にメールをください。「本を読みました」と書いていただけましたら、優先して、ご返事させていただきます。

いつかあなたと直接お会いできる日がくることを、楽しみにしています。

ありがとうございました。


最後に、これまでご支援をいただいた皆さまに、心より御礼をお伝えしたいと思います。

原田隆史先生、吉田浩之先生、森本恵子先生、森行秀和さん、そして、これまで私を成長させてくださった方々、多くの皆さまのお陰で出版できましたことを、心から感謝しております。

とくに、原田隆史先生には、ありとあらゆることを教わりました。感謝の思いでいっぱいです。

また、出版にあたっては、菅谷信一さん、後藤充男さん、河田秀人さん、藤吉信仁さんに、大変お世話になりました。橋口徳治さんには、執筆内容への協力だけでなく、いつも刺激をいただいています。ありがとうございます。

そして、父、母、家族、静佳、天国の祖父に感謝します。

川阪　正樹

【参考文献】

『本気の教育でなければ子どもは変わらない』原田隆史（旺文社）
『カリスマ体育教師の常勝教育』原田隆史（日経ＢＰ社）
『成功の教科書』原田隆史（小学館）
『基礎から学ぶ！メンタルトレーニング』高妻容一（ベースボール・マガジン社）
『てっぺん！の朝礼』大嶋啓介（日本実業出版社）
『斎藤一人　奇跡連発　百戦百勝』舛岡はなゑ（ＫＫロングセラーズ）
『弱者の戦略 人生を逆転する「夢・戦略・感謝」の成功法則』栢野克己（経済界）
『心にズドン！と響く「運命」の言葉』ひすいこたろう（王様文庫）
『世に棲む日日1・2巻』司馬遼太郎（文春文庫）
『感動する脳』茂木健一郎（ＰＨＰ研究所）
『目標達成する技術』マイケル・ボルダック／堀江信宏　訳（フォレスト出版）
『それでもなお、人を愛しなさい』ケント・Ｍ・キース／大内博　訳（早川書房）
『明日を支配するもの』Ｐ・Ｆ・ドラッカー／上田惇生　訳（ダイヤモンド社）
『なぜ、ノウハウ本を実行できないのか―「わかる」を「できる」に変える本』ケン・ブランチャード／ポール・Ｊ・メイヤー／ディック・ルー／門田美鈴　訳（ダイヤモンド社）

著者略歴

川阪　正樹（かわさか　まさき）

コーチ、講師。

大阪府出身。12 歳の時から、恩師の原田隆史氏より、陸上競技を通して、目標達成のスキルを学ぶ。

関西大会優勝や、全国大会入賞の実績を残す。

大学時に、恩師の教えを実践したメンタルトレーニングやコーチングで、学生指導者として、日本一を達成。中学・高校まで全国大会と無縁だった大学生を、1 年で全国大会初出場、日本一に導く。

大学卒業後、パーソナルトレーナーとして活動。2009 年より原田隆史氏が代表を務める株式会社原田教育研究所で勤務。日本トップレベルのメンタルトレーニング、コーチングを学び、2013 年に独立。

経営者や個人事業主、学校の先生、教授、コーチ、トレーナーなど、数多くの方をマンツーマンでサポート。目標達成へと導く。わかりやすく、再現性の高いサポートは、「成果が出た」「実践しやすい」「人生が変わった」と評価をうける。また、研修やセミナーの講師として活動。

開催したセミナーでは、日本一のアスリートがこぞって参加。2013 年 5 月のセミナー参加者は 20 名中 5 名が日本一の実績。これまで携わった競技は、陸上競技、ラグビー、バスケットボール、フィギュアスケート、柔道、空手、キックボクシング、野球、ゴルフ、サッカー、吹奏楽など、小学生から社会人、アマチュアからプロまで数多い。

目標達成に導くことが仕事。正しい努力は報われる、思いはかなう、と信じる。

「常勝メンタル」強化の技術

2014 年 4 月 18 日 初版発行　　2019 年 1 月 24 日 第 4 刷発行

著　者　川阪　正樹　©Masaki Kawasaka

発行人　森　　忠順

発行所　株式会社 セルバ出版
〒 113-0034
東京都文京区湯島 1 丁目 12 番 6 号 高関ビル 5 B
☎ 03（5812）1178　FAX 03（5812）1188
http://www.seluba.co.jp/

発　売　株式会社 創英社／三省堂書店
〒 101-0051
東京都千代田区神田神保町 1 丁目 1 番地
☎ 03（3291）2295　FAX 03（3292）7687

印刷・製本　モリモト印刷株式会社

●本書の内容に関する質問は FAX でお願いします。

Printed in JAPAN
ISBN978-4-86367-152-2

本書を読んでいただいた皆さまへ

あなたのメールアドレスを登録すると、
無料でサポートメールが配信されます。

「常勝メンタルへの道」

https://88auto.biz/kawasaka-masaki/registp.php?pid=1

本書の更なる理解に是非、メールをお受取りください。

・あなたからのメッセージをお待ちしています。
感想など、どんなことでも結構です。全力で読みます。

・講演依頼、取材、お問い合わせ等は、下記までご連絡ください。

川阪正樹　kawasaka@this-is-i.com